KB205316

**모두를 위한
설교 시리즈
1**

하나님, 저에게 왜 이러십니까?

세움북스는 기독교 가치관으로 교회와 성도를 건강하게 세우는 바른 책을 만들어 갑니다.

모두를 위한 설교 시리즈 01

하나님, 저에게 왜 이러십니까?

우리 시대의 복음, 욥기 설교

초판 1쇄 인쇄 2021년 6월 20일
초판 1쇄 발행 2021년 6월 25일

지은이 | 임형택
펴낸이 | 강인구

펴낸곳 | 세움북스
등 록 | 제2014-000144호
주 소 | 서울시 종로구 삼일대로 428 낙원상가 5층 500호
전 화 | 02-3144-3500
팩 스 | 02-6008-5712
이메일 | cdgn@daum.net

교 정 | 최필승
디자인 | 참디자인

ISBN 979-11-91715-01-9 (03230)

모두를 위한
설교 시리즈
1

THE BOOK

of

하나님, 저에게 왜 이러십니까?

*

우리 시대의 복음, 욥기 설교

임형택 지음

JOB

세움북스

* 일러두기

1. 성경 본문은 개역한글판을 사용했습니다.

2. 장과 절만 표기한 것은 욥기 본문입니다.
   성경의 다른 책은 해당 책명과 장절을 함께 표기했습니다.
   (예, 욥기 1장 1절은 "1:1"로 표기/ 마태복음 6장 14절은 "마태복음 6:14"로 표기)

3. 출간되어 유통된 단행본인 경우는 「 」로, 논문, 저널, 기사 등은 「 」로, 강의, 설교,
   미출간, 미유통된 경우는 〈 〉로 표시하였습니다.

4. 독자들의 이해를 돕기 위해 소제목을 달았습니다.

머리말

욥기와 전도서는 제 마음에 오래 묵은 체기와 같았습니다. 풀어놓긴 풀어놓아야 하는데 시원하게 풀어놓을 수 없는, 그래서 항상 되돌아보고 항상 머뭇거렸습니다. 읽고 또 읽고도 머뭇거렸습니다. 욥기와 전도서를 연구하기 위해 몇몇 논문을 읽어도 시원하지 않았습니다. 그렇게 시간 보내기를 20년을 하였습니다. 그러던 중 합동신학대학원대학교에서 개최하는 계절학기에서 현창학 교수님의 〈지혜서 연구〉 강의를 들으면서 눈이 확 밝아졌습니다. 욥기에 눈이 열렸습니다. 그날 후로 체기가 내려가고, 마음에 후련함을 느꼈습니다.

하지만 곧 마음 한편이 또다시 답답했습니다. 욥기가 무엇을 말하는지 알겠는데 어떻게 설교할 것인지를 두고 무언가가 목에 걸린 듯했습니다. 욥기를 연속으로 강해하는 것은 지루감으로 청중을 괴롭힐 것 같았습니다. 그 전에 설교자인 제가 고통스러워 설교할 수 없을 것 같았습니다. 매주 욥의 변증을 반복해야 하고, 친구들의 정죄를 반복할 것을 생각하면 도무지 설교할 수 없을 것 같았습니다. 그래서 어떻게 설교할 것인지를 고민하며 2년을 보냈습니다.

그러던 어느 날 욥기의 전환 포인트를 설교하면 좋겠다고 생각했습니다. 욥이 한 말이 무엇인지, 친구들이 한 말이 무엇인지 그리고 하나님의 질문이 무엇인지를 설교하면 설교자도, 청중도 지루하지 않겠다는 생각이 제 마음을 시원하게 했습니다. 그래서 욥기를 열세 번 설교로 마무리했습니다.

〈욥이라는 사람〉이라는 제목으로 한 번, 〈고난 당하는 의인〉이라는 제목으로 두 번, 〈고난 중의 탄식〉이라는 제목으로 두 번 설교했습니다. 친구들이 한 말과 관련해서 〈포악한 위로자〉라는 제목으로 두 번 설교했습니다. 욥이 범한 잘못과 관련해서 〈욥, 보응의 원리를 부정하다〉, 〈욥, 자기 의를 내세우다〉라는 제목으로 세 번 설교했습니다. 그리고 하나님의 답변과 관련해서 〈욥, 네가 하나님이냐?〉라는 제목으로 두 번 설교했습니다. 마지막 한 번은 욥의 회복과 관련하여 〈하나님, 욥의 억울함을 풀어 주시다〉라는 제목으로 설교했습니다.

저는 교회에서 지혜서를 가르쳐야 한다고 생각합니다. 욥기와 잠언과 전도서를 하나하나 풀어 가르쳐야 한다고 생각합니다. 왜냐하면 우리는 예수 믿고 곧바로 천국에 가지 않기 때문입니다. 이 땅에서 긴 세월을 그리스도인으로 살아야 하는데, 그 삶을 잘 살아야 하기 때문입니다. 지혜서는 그 삶을 어떻게 사는 것이 잘 사는 것인지 가르칩니다. 사는 동안 고난도 많이 겪어야 합니다. 도무지 이해할 수 없는 일을 겪기도 하고, 내가 원하지 않는 삶도 살아야 합니다. 그동안 하나님은 무엇 하실까? 왜 안 도와주실까? 왜 고난을 겪게 하실까? 대답은 듣지 못한 채 의문만 품고 살기도 합니다. 지혜서는 이런 의문을 풀어 줍니다.

저는 기회가 있을 때마다, 욥기와 전도서는 우리 시대의 복음이라고 말합니다. 욥기와 전도서는 하나님은 어떤 분이신지 매우 자주 말합니다. 왜 하나님을 믿어야 하는지, 왜 믿음으로 살아야 하는지를 말합니다. 고난과 허망함 중에 그리스도인은 어떻게 살아야 하는지를 말합니다. 그런 이유로 욥기와 전도서를 가르치면 하나님과 세상의 이치에 대한 오해가 풀리고, 하나님께로 돌아오는 사람이 많으리라고 믿습니다.

여러 해 전에 제가 섬기는 교회에서 욥기와 전도서 설교를 마쳤습니다. 잠언은 1년에 네다섯 번 설교합니다. 그 설교를 구역예배에서 교재로 활용했고, 성경 공부반에서 교재로 사용했습니다. 또 매주 토요일 〈지혜 교실〉을 열어 욥기와 잠언과 전도서를 가르치는데 주로 청년들이 와서 배웁니다. 공부를 마치고 나면 그들의 얼굴이 밝아지는 것을 봅니다. 욥기, 전도서, 잠언은 젊은 그리스도인이 겪는 많은 문제에 답합니다.

욥기 설교집을 발간하면서 어린 저를 키워주시고, 교회를 섬기게 하신 하나님께 영광을 돌립니다. 부족한 저의 설교를 들으면서 신앙생활한 숭신교회 성도의 얼굴이 많이 떠오릅니다. 그분들에게 감사드립니다. 설교집을 발간하도록 동기 부여를 해 준 김형호 집사님과 편집을 맡아 수고해 주신 최영민 목사님께 감사드립니다. 제가 목사로 살도록 평생 기도해 주신 어머니 김복순 권사와 내조해 준 아내 서정희 사모에게 이 지면을 통해 감사드립니다. 흔쾌히 출간을 허락해 준 세움북스 강인구 대표께도 감사의 인사를 드립니다.

2021년 6월 어느 날
숭신교회 서재에서

Recommendation

추천사

욥기는 인간의 이해되지 않는 고난에 대해 가르치는 몹시 이해하기 어려운 책이다. 예수를 믿는 신앙인에게 하나님을 배우는 마지막 단계가 있다면 그것은 아마 욥기가 가르치는 하나님의 크심과 자유에 대한 교훈일 것이다. 하나님을 믿는 온전한 신앙에 서려면 우리의 이해, 우리의 계산을 넘어서는 욥기가 가르치는 하나님의 신비라는 교훈까지 익혀야 한다. 욥기는 이 심오한 교훈을 매우 뼈아픈 방식으로 가르치는 책이다.

학교에서 욥기를 죽 강의해 왔지만, 이 책을 과연 목회자나 신학생들이 설교해낼 수 있을까 늘 마음 졸여 왔다. 욥기는 외국도 그렇고 국내도 그렇고 제대로 설교하는 경우를 거의 보기 힘들다 할 정도로 어려운 책이다. 우선 책의 메시지를 파악하는 것이 어렵고, 파악한다고 해도 그것을 설교하는 것은 또 다른 숙제다. 임형택 목사님께서 이 어려운 일을 해내셨다. 열

세 번에 걸쳐 욥기를 설교하고 그 결과를 우리 앞에 내어놓으신다. 욥기는 인간이 살아가는 이 세계의 이해되지 않는 (도덕) 질서에 대해 깊이 고민하는 책이다. (전도서도 그렇다.) 임 목사님은 욥기의 (그리고 전도서의) 이 고민을 정확히 포착하고 목회자로서 교중의 아픔에 깊이 공감하며 오랫동안 이 고민에 동참해 온 분이다. 이 책에는 그의 오랜 목양의 경륜과 사랑의 고민의 흔적이 고스란히 묻어 있다.

이 책에 실린 열세 편의 설교에는 욥기의 가장 중요한 장들이 (예컨대 1장, 3장, 38–42장 등) 다루어졌다. 욥기는 우선 책 전체의 메시지를 파악하는 것이 가장 중요하며, 어렵다. 그러나 그 문제가 해결되어도 욥기 한 장 한 장을 어떻게 설교할 것인지 하는 것은 설교자에게 남는 또 하나의 큰 숙제다. 저자는 이 어려운 숙제에 야심 차게 도전하여 개척적으로 욥기 해석과 설교의 길을 보여 주고 있다. 이것은 우리 모두에게 큰 선물이다.

욥기는 지상의 어려운 삶을 살아가는 인간에게 불평이나 탄식은 어쩔 수 없는 삶의 양상인 점을 인정해 주고 공감해 주는 책이다. 우리는 성경을 항상 무엇을 '하라'는 당위 교훈을 주는 책으로만 생각하기 쉽다. 하지만 성경은 무엇을 명령하기(imperative) 이전에 어떠어떠하다고 기술하는(indicative) 내용이 훨씬 중요한 책이다. 욥기야말로 삶의 (고통스런) 현실을 그대로 기술해 주며 그것을 '아시는' 공감의 하나님에 대해 계시해 주는 책이다. 물론 그것을 넘어서 그 현실을 다루시는 하나님의 경륜의 크고 깊음에 대해 교훈을 주는 데까지 나아간다. 그러나 출발은 하나님의 공감하심이다.

독자들은 이 책을 통해 공감하시는 하나님과 우리 삶의 현실을 이끄시는 깊은 경륜의 하나님에 대해 배우게 될 것이다. 욥기의 의미를 제대로 파악하기 원하는 교우들, 욥기를 찬찬히 설교하여 교중의 아픔을 쓰다듬고 더 나아가 하나님의 경륜의 신비에 대해 가르쳐 교중을 높은 신앙으로 성숙시키려는 설교자들은 이 책에서 더할 나위 없는 도전과 보화를 발견하게 될 것이다.

현창학 교수

(합동신학대학원대학교 은퇴 교수, 구약신학)

추천사

임 목사님의 욥기 강해 원고를 받아 들고 기대감에 사로잡혔다. 평소 마음으로부터 존경하고 그 인품을 본받고 싶은 목사님의 삶과 믿음과 성경 연구와 신학이 고스란히 녹아 있을 글이었기 때문이다. 무엇보다도 어렵기로 유명한 욥기를 풀어 낸 글이었기에 더더욱 기대가 컸다. 욥기는 의인의 고난이라는 무거운 주제를 다루는 책인 만큼 그 의미를 이해하기가 쉽지 않다. 더군다나 욥과 친구들 사이에 반복되는 논쟁이 책의 상당 부분을 차지하기에 이 부분을 해석하고 그 뜻을 찾아 강해 설교의 형식 속에 담아내는 것은 여간 힘든 일이 아니다.

하나님이 욥에게 하신 말씀은 또 어떤가? 욥기 38장부터 41장에 걸쳐 나타나는 이 긴 말씀은 욥기의 절정이며, 이곳에는 세상을 창조하시고 하늘과 땅과 바다와 온갖 생물들을 다스리고 악의 세력까지 통제하시는 하나님의 지혜와 권능이 각종 은유와 시적 표현이 동원되어 장엄하게 묘사된다. 그러므로 문학적으로 탁월하며 신학적으로 심오한 이 장들은 해석하기도 어렵고 설교하기는 더더욱 어렵다. 이것이 교회에서 욥기 설교를 들을 기회가 적고, 욥기를 차례로 풀어내는 강해 설교를 접하기 어려운 이유다. 그런데 임 목사님께서 그 어려운 일을 해내셨다. 이 일은 하루아침에 되는 일이 아니다. 오랫동안 성경을 읽고 또 읽으며 묵상하고 땀 흘려 연구한 결과이리라. 나아가 목사님 자신이 건강이 여의치 않은 사모님과 고난의 삶을 살아오셨고, 마찬가지로 고난 겪는 성도들의 아픔과 슬픔을 깊이 공감하는 가운데 자라나고 맺혀진 아름답고 귀한 열매일 것이다.

원고를 읽는 동안 곧바로 기대감이 현실화되었다. 깊은 사색이 담긴 진솔한 언어와 잘 다듬어진 문장으로 차근차근 써 내려간 글 속에 고난을 헤치며 살아가는 인간의 문제에 대한 혜안과 통찰이 가득 담겨 있고, 그 삶의 문제를 성경 계시의 빛으로 보듬고 어루만지며 위로하여 마침내 권능으로 세상을 통치하시는 하나님의 지혜 속에서 해결하는 신학과 믿음의 안목이 깊숙이 스며 있다. 삶의 신비를 가르치는 지혜 교사답게 글의 구성이 매우 지혜롭다. 이 탁월한 지혜로 인해 불필요한 반복이 가져올 장황함과 지루함을 피하면서도 욥기가 가르치고자 하는 중요한 내용을 놓치지 않고 모두 다룰 수 있었다.

좋은 글은 어려운 내용을 쉽게 설명한다. 임 목사님의 욥기 강해가 그런 책이다. 독자들은 이 책에서 때때로 인간을 고통과 절망에 빠뜨리는, 이해할 수 없는 고난의 문제가 너무도 이해하기 쉽도록 설명되는 것을 발견하고 놀라움과 만족과 희열을 맛보게 될 것이다. 그러나 임 목사님의 욥기 강해가 가진 가장 놀라운 점은 욥기의 내용을 아주 잘 설명해 준다는 점이다. 욥기는 일반 성도들은 물론이고 전문 연구가들조차 읽기 어려워하는 책이다. 하지만 임 목사님의 욥기 강해는 욥기의 가르침을 정확하게 파악하고 그것을 친절하게 알려준다. 그러기에 이 책은 욥기를 배우려는 평신도와 신학도, 나아가 욥기 설교 혹은 강해를 계획하는 목회자들이 반드시 읽어야 할 필독서가 될 것이라고 확신한다.

끝으로, 이 자리를 빌려 이 귀한 강해서를 쓰신 목사님의 노고에 깊이 감사드리며, 이 책이 여러 가지 고난 속에 살아가는 이 땅의 모든 성도에게 "하나님께서 아프고 슬픈 날에 진정한 위로자, 사랑의 위로자 되시는 것"(본서 178쪽)을 알리는 축복의 통로가 되기를 간절히 소망한다.

김진수 교수

(합동신학대학원대학교, 구약신학)

Contents

목차

01 욥이라는 사람

욥기 1:1-5

세상에는 이해가 안 되는 일도 많고, 설명이 안 되는 일도 많습니다. 학생의 경우 열심히 공부했는데 성적이 안 오르는 것이 이해가 안 되는 일이라면, 직장인에게는 열심히 일했는데 진급이 안 된다든지, 해고를 당하는 것이 이해가 안 되는 일일 것입니다. 어떻게 그럴 수가 있을까요? 어떻게 밤잠을 안 자고 공부를 했는데 성적이 안 오르고, 어떻게 퇴근을 못하면서까지 열심히 일했는데 진급은커녕 해고를 당할 수가 있을까요? 그럴 수 있습니다. 세상에는 그런 일이 있고, 그런 일을 당하면 억울하고, 이해가 안 됩니다. 그러나 우리는 그런 현실을 체념하든지, 갈등하며 삽니다.

세상에는 정직하게 살았는데, 고난을 겪는 일도 있습니다. 정직하게 살았는데 하는 일마다 안 된다든지, 하나님을 믿는 믿음으로 살았는데 죽을병에 걸리는 일이 있습니다. 그런가 하면 어떤 사람은 악하게 살았습니다. 그 사람이 어떻게 악하게 살았는지 만인이 압니다. 그런데도 돈을 잘 벌고, 건강하고, 오래 삽니다. 죽을 때도 그다지 고통을 당하지 않고 죽습니다. 평안하게 죽습니다. 세상에는 그런 일도 있습니다.

여러분께서는 그런 일이 이해되십니까? 의롭게 살았는데 죽을병에 걸린다면 하나님을 원망하지 않을까요? 악한 자가 부자로 살고, 건강하게 오래 살고, 죽을 때도 고통 없이 죽는 것을 본다면 그래도 시험에 들지 않을까요?

의인인 욥

욥기는 이런 주제를 다룹니다. 욥기는 인간의 고난을 다루는데, 악인의 고난을 다루지 않습니다. 의인의 고난을 다룹니다. 욥은 자신을 위로하겠다고 찾아온 친구들과 설전을 주고받으면서 왜 의인이 고난을 겪어야 하는지 그 해답을 찾으려고 합니다. 그 이유가 무엇인지 하나님께 대답을 요구합니다. 만일 의인이 고난을 겪는다면 그리고 하나님께서 대답하지 못하신다면 하나님은 불의하시다고 항변합니다.

욥이 한 말은 우리가 고난을 겪을 때 할 수 있는 말들입니다. 우리가 하고 싶은 말들을 욥이 대신해 준 셈입니다. 그러므로 욥기를 배우면서 욥과 함께 고민하기를 바랍니다. 세상에 그런 일이 있음에도 하나님께서 의로우시다면 왜 의로우신지 고민하기를 바랍니다. 그리하여 왜 의인이 고난을 겪어야 하는지, 의인이 고난을 겪는 동안 하나님은 무엇을 하시는지 그 대답을 듣기 바랍니다. 의롭게 살아도 고난을 겪는다면, 그래도 왜 의롭게 사는 것이 가치가 있는지 그 대답을 듣기 바랍니다.

욥기를 읽을 때 두 가지를 전제해야 합니다. 하나는 욥은 의인이라는 사실이고, 다른 하나는 욥의 고난은 의인의 고난이라는 사실입니다. 악인이 어려움을 당하는 일에 우리는 의문을 가지지 않습니다. 당연히 당할 것을 당한다고 생각합니다. 그러나 의인이 고난 겪는다면 억울하게 생각하고, 하나님께 의문을 품습니다. 과연 하나님은 살아 계신가? 살아 계신다면 왜 이런 고난을 겪게 하시는가? 하나님이 너무 하신 것이 아닌가? 왜 하필 내가 이런 일을 겪어야 한단 말인가? 그래도 믿음으로 살 필요가 있는가? 고난을 겪을 때 대개 이런 의문을 품습니다. 욥도 이런 의문으로 고뇌했습니다. 그래서 욥기를 보면 시작하면서 욥이 어떤 인물인지를 먼저 소개합니다. 1:1 하반절을 보십시오.

> 그 사람은 순전하고 정직하여 하나님을 경외하며 악에서 떠난
> 자더라

"순전하다"는 것은 '완전하다'라는 뜻이고, "정직하다"라는 것은 '의롭다'라는 뜻입니다. 욥은 하나님을 경외하며 악에서 떠나 살았는데 '완전하게', '의롭게' 살았습니다. 얼마나 정직하게 살았기에 욥기를 기록하면서 이렇게 평가했을까요? 그만큼 욥은 정직하게 살았고, 의롭게 살았습니다. 그런데 이 말은 욥기를 기록한 사람이 한 말입니다. 욥기는 이런 사실을 세 번이나 말씀합니다. 1:8과 2:3 상반절에서도 말씀하는데 이 두 곳의 문장은 한 글자도 틀리지 않고 똑같습니다.

> 여호와께서 사단에게 이르시되 네가 내 종 욥을 유의하여 보았
> 느냐 그와 같이 순전하고 정직하여 하나님을 경외하며 악에서
> 떠난 자가 세상에 없느니라

이 말씀은 하나님께서 사탄에게 하신 말씀입니다. 사탄의 특징은 무엇입니까? 사람을 유혹해서 죄를 짓게 하고, 모든 악을 행하게 합니다. 인간의 죄를 들추어내고, 죽음으로 몰아넣습니다. 하나님께서 그런 사탄에게 "네가 내 종 욥을 유의하여

보았느냐"라고 물으신 것은 욥에게 관심을 가지고 자세하게 살펴보았느냐는 뜻입니다. 그가 죄를 짓는지 안 짓는지, 정직한지 정직하지 않는지 살펴보았느냐고 물으신 것입니다. 사탄은 분명히 욥을 잘 살펴보았을 것입니다. 하나님께서는 이어서 "그와 같이 순전하고 정직하여 하나님을 경외하며 악에서 떠난 자가 세상에 없느니라"라고 하십니다.

하나님께서 사탄에게 이렇게 말씀하신 이유는 무엇일까요? 질투하기를 잘하는 사탄입니다. 흠잡기 좋아하는 사탄입니다. 그런 사탄에게 이렇게 말씀하신 이유는 무엇일까요? 그만큼 욥은 의로운 사람이라는 뜻입니다. 욥과 같은 사람은 없다는 뜻입니다. 욥처럼 정직한 사람도 없고, 욥처럼 악에서 떠난 사람도 없다는 뜻입니다. 하나님은 자신이 있으셨습니다. 사탄이 아무리 질투를 잘하고, 흠잡기를 잘한다 해도 사탄에게 흠 잡히지 않을 자신이 있으셨습니다. 욥은 그런 사람이었습니다. 하나님이 보시기에 순전하고, 정직하고, 하나님을 경외하고, 악에서 떠난 자였습니다.

욥이 의인이라는 의미

그런데 우리가 욥기를 읽을 때 주의할 점이 있습니다. 그것은 하나님께서 '욥은 의롭다'라고 하셨다고 해서 욥은 죄가 없다는 뜻은 아니라는 사실입니다. 욥은 행위로 구원받을 수 있는 사람이라는 뜻은 아닙니다. 하나님께서는 욥은 순전하고 정직한 사람이라 하셨지만, 욥도 죄인이었습니다. 결코 자신의 선행으로 구원받을 수 없는 죄인이었습니다. 그도 얼마든지 죄를 지을 수 있고, 죄를 지었을 때는 철저하게 회개해야 했습니다. 욥기 자체가 이런 사실을 말씀하고 있습니다.

욥의 자녀는 열 명이었습니다. 아들이 일곱, 딸이 세 명이었습니다. 형제들 간에 우애가 좋았는데, 아들들이 자기 생일을 맞으면 잔치를 열고, 형제들을 초청해서 음식을 대접했습니다. 누이들도 함께 초청해서 즐겁게 지냈습니다. 이것은 굉장히 좋은 일입니다. 형편이 안 되고 여건이 안 되어서 못하지만, 할 수만 있다면 해 볼 만한 일입니다. 욥은 아버지로서 그런 모습을 보는 것이 흐뭇했을 것입니다. 그러나 잔치가 끝나면 한 가지 걱정이 생겼습니다. 그것은 자녀들이 먹고 마시면서 죄를 지을 수 있다는 생각 때문이었습니다. 자녀들이 생일에 자기 형제자매를 초청해서 음식을 대접하고, 즐거운 시간을 갖는 것은 좋은데 죄를 지을 수 있다는 사실을 생각하면 걱정이 앞섰습니다. 그래서 잔치가 끝나면 다음 날 아침에 자녀들의 명수대로 번제를 드렸습니다.

번제를 드릴 때 제물은 수송아지, 숫염소, 숫양이었습니다. 가난한 사람은 비둘기를 드렸고, 더 가난한 사람은 산비둘기를 잡아 드려도 되었습니다. 그러나 욥은 부자였습니다. 엄청난 부자였습니다. 제물로 무엇을 바쳤을까요? 수송아지를 바쳤을 것입니다. 욥의 부로 보나, 믿음으로 보나, 그랬을 것입니다. 자식의 수대로 바쳤으니 열 마리를 바쳤을 것입니다. 만일 며느리와 사위까지 계산했다면 스무 마리를 바쳤을 것입니다. 그러나 이해가 쉽도록 며느리와 사위는 계산하지 않겠습니다.

2020년 경북 김천지역 수송아지 시세를 알아보니 4월 거래가가 평균 443만 원이었습니다. 성경을 읽을 때 참고 하시라고 말씀드리는데 암송아지는 더 저렴합니다. 대체로 50만 원에서 100만 원 정도 저렴합니다. 김천지역 암송아지의 4월 평균 시세는 327만 원이었습니다. 자녀 열 명의 번제를 드린 것으로 계산하면 4천 4백 3십만 원어치의 제물을 드린 셈입니다. 게다가 자녀들의 생일 때마다 번제를 드렸으니 그런 제물을 1년에 열 번 바쳤습니다. 그러면 제물값이 얼마였을까요? 4억 4천 3백만 원이었습니다. 잔치에서 먹고 마시면서 자녀들이 죄를 지었을지 모른다는 생각에 번제를 드렸는데, 그 제물값이 1년에 4억 4천 3백만 원 들었습니다. 지금 시세로 환산하면 그렇습니다. 그렇게 하기를 매년 했습니다.

이런 사실과 관련하여 1:5 하반절에 이렇게 말씀합니다.

이는 욥이 말하기를 혹시 내 아들들이 죄를 범하여 마음으로 하
나님을 배반하였을까 함이라 욥의 행사가 항상 이러하였더라

이게 쉬운 일일까요? 돈이 많다고 이렇게까지 할 수 있을까
요? 그렇지 않습니다. 어려운 일입니다. 대단히 어려운 일입
니다. 우리가 욥이라면 우리가 그렇게 할 수 있었을까요? 많
은 사람이 못했을 것입니다. 죄 사함을 받는 것이 문제가 아니
라 돈이 아까워서도 못했을 것입니다. 그러나 욥은 달랐습니
다. 자녀들이 죄를 지었다는 것을 생각하면 돈이 문제가 아니
었습니다. 죄를 용서받을 수 있다면 4억 원이 문제가 아니었
습니다. 이렇게 말씀하는 것은 그만큼 죄를 짓지 않으려고 애
쓰고 살았다는 뜻입니다. 하나님 앞에서 의롭게 살기를 애를
쓰고 살았다는 뜻입니다. "욥의 행사가 항상 이러하였더라"라
고 했습니다. 이 말씀은 욥의 생각과 습관을 나타냅니다. 자녀
들의 생일 때만 아니라 무슨 일을 하든지 죄를 짓지 않으려는
태도로 살았다는 뜻입니다.

그렇다면 욥 자신은 죄를 지었을까요, 안 지었을까요? 지었

습니다. 욥의 행사가 항상 이러하였더라는 말은 욥도 죄인이라는 사실을 전제합니다. 욥도 죄인이고, 얼마든지 죄를 지을수 있는 사람인데, 죄를 짓지 않고 거룩하게 살려고 항상 이런태도로 살았습니다. 그러므로 욥이 순전하고 정직했다고 해서욥을 죄가 없는 사람으로 이해하면 안 됩니다. 욥도 죄인이었고, 자기 행위로는 구원받을 수 없는 인간이었습니다.

하나님의 복 주심으로 부유했던 욥

욥이 이렇게 순전하고 의롭게 살았으니 하나님께서 복을 주실까요, 안 주실까요? 주십니다. 당연히 주십니다. 이런 사람에게 복을 안 주신다면 누구에게 주시겠습니까? 하나님께서는 욥에게 자녀를 열 명을 주셨지만, 재물의 복도 대단히 풍족하게 주셨습니다.

1:3을 보면 그의 재산을 이렇게 열거합니다.

그 소유물은 양이 칠천이요 약대가 삼천이요 소가 오백 겨리요
암나귀가 오백이며 종도 많이 있었으니 이 사람은 동방 사람
중에 가장 큰 자라

이 정도의 재산이 오늘날에는 얼마나 가치가 있는지 산출하기가 쉽지 않습니다. 고대 동방에서는 무역과 목축이 최고의 산업이었던 점을 고려하면 욥은 대단한 재산가였다고 추측해 볼 수 있습니다. 동방은 고대 바벨론 문명이 발생한 지역을 말합니다. "이 사람은 동방 사람 중에 가장 큰 자라"라고 한 것은 동방에서 최고 부자였다는 뜻을 내포합니다. 그가 이런 거부가 될 수 있었던 것은 하나님께서 복을 주신 덕분입니다. 욥이 하나님을 경외하고, 의롭게 산 데 대한 하나님의 축복입니다.

우리도 하나님 앞에서 의롭게 살기를 바랍니다. 하나님을 경외하는 믿음으로 거룩하게 살고, 부지런하게 살고, 성실하게 살기를 바랍니다. 하나님께서 욥에게 복을 주셨던 것처럼 이 땅에 사는 동안 우리에게도 복을 주시기를 바랍니다.

개혁파 교회에는 부에 대해 부정적으로 생각하는 경향이 있습니다. 부를 축복으로 생각하거나 부를 위해 기도하거나 설교하는 것을 부정적으로 여기는 이들이 있습니다. 그런 주장을 하는 이들은 성경이 재물과 부에 대해 부정적으로만 언급한 것처럼 말하기도 합니다. 그러나 성경은 그렇게 가르치지 않습니다. 잠언에는 훈계가 있고, 금언이 있습니다. 훈계는 비교적 긴 강론이고, 금언은 짧은 명언입니다. 금언에서는 솔로몬의 금언 1, 2가 있습니다. 솔로몬의 금언 1에 나타난 부에 관한 내용을 정리하면 네 가지입니다.

첫째는 부의 중요성을 말씀합니다.
둘째는 부의 위험성을 말씀합니다.
셋째는 하나님께서 어떤 사람에게 부를 주시는지를 말씀합
니다.
넷째는 부보다 더 중요한 것이 있다고 말씀합니다.

이런 내용은 잠언이 문자적으로 가르치는 교훈입니다. 부
가 위험한 면이 있고, 부보다 더 중요한 것도 있지만, 부도 중
요하다고 합니다. 이처럼 성경은 결코 재물과 부를 악으로 보
거나, 부정적으로 보지 않습니다. 잠언은 모든 사람이 부자가
될 수 없지만, 악한 부자가 되지 말고 의로운 부자가 되라고
말씀합니다. 설령 부자가 되지 못한다 해도 의롭게 살 것을 말
씀합니다. 그런데도 성경이 부를 악으로 보거나, 부정적으로
보는 것처럼 말하면 되겠습니까? 그렇게 생각해선 안 됩니다.

욥을 보십시오. 욥이 고난 겪기 전에 얼마나 부자였는지,
얼마나 경건한 사람이었는지 말씀하고 있습니다. 비록 고난을
통해서 그 많은 재산이 날아갔지만, 고난이 끝났을 때 하나님
께서 다시 복을 주셨습니다. 다시 복을 주셨다고 했을 때 어떤

복을 주셨다고 했습니까? 자녀도 주셨지만, 재물의 복을 주셨다고 했습니다. 그것도 고난을 겪기 전보다 두 배나 더 주셨다고 했습니다. 만일 하나님께서 재물을 부정적으로 보시거나 악으로 보신다면 욥의 회복을 말씀할 때 이렇게 말씀하셨을까요? 재물의 복을 주셨을까요? 그것도 배나 더 주셨을까요? 성경은 항상 그런 것은 아니지만, 종종 재물을 축복의 상징으로 말씀합니다. 그러므로 우리도 재물을 부정적으로 보거나, 악하게 여겨선 안 됩니다.

욥을 가리켜서 "이 사람은 동방 사람 중에 가장 큰 자라" 했는데, 동방에서 최고 거부였다는 뜻을 내포한다고 했습니다. 그렇다면 그 복을 누가 주셨을까요? 하나님이십니다. 하나님께서 주셨습니다. 하나님이 안 주셨다면 누가 주셨겠습니까! 하나님께서 주셨습니다. 그러므로 우리도 하나님 앞에서 순전하고 정직하게 살기를 바랍니다. 여호와를 경외하고, 죄를 짓지 않기 위해서 믿음으로 살기를 바랍니다. 그리하여 욥처럼 하나님께 인정받는 자가 되기를 바랍니다. 하나님께서 자랑스러워하시는 성도가 되기를 바랍니다.

더 나아가서 욥기 강론을 통해서 욥기를 잘 배우기를 바랍니다. 왜 의인이 고난을 겪는지, 왜 하나님은 고난을 주시는지, 의인이 고난을 겪을 때 하나님은 무엇을 하시는지를 배우기를 바랍니다. 그리하여 고난을 겪을 때 죄를 짓거나 절망하지 않고 믿음으로 이겨 내기를 바랍니다.

02 고난 당하는 의인 (1)
욥기 1:13-22

앞 장에서 욥이 어떤 사람이었는가를 살폈습니다. 욥은 아들들이 생일잔치를 하면서 먹고 마시는 중에 하나님을 배반할 수 있다고 생각했습니다. 그런 이유로 잔치 다음 날에는 아들들의 명수대로 번제를 드렸습니다. 아들들은 누이들도 잔치에 초청했으므로 욥은 딸들을 위해서도 번제를 드리지 않았을까요? 자녀가 열 명이었으므로 열 번 드렸을 것입니다. 1년이면 백 번을 드린 셈입니다. 욥은 큰 부자였으므로 제사를 드릴 때 수송아지를 제물로 드렸을 것입니다. 그 가치를 오늘날의 값어치로 환산하면 1년에 약 4억 4천 3백만 원 정도 됩니다.

그렇게 하는 것이 쉬운 일이었을까요? 재산이 많다고 1년에 4억 4천 3백만 원을 들여 제사를 드리는 것이 쉬운 일이었을까요? 쉬운 일이 아니었습니다. 죄 사함을 받고 싶고, 거룩하게 살고 싶은 믿음이 없었다면 할 수 없는 일이었습니다. 그러나 욥은 그렇게 했습니다. 죄 사함을 받고, 거룩하게 살고 싶어서 1년에 4억 4천 3백만 원어치의 제물로 제사를 드렸습니다. 1:5을 보면 이런 사실을 밝힌 후에 "욥의 행사가 항상 이러하였더라"라고 했습니다. 이것은 욥의 믿음과 습관을 의미합니다. 아들들의 생일 때만 아니라 무슨 일을 하든지 항상 이런 태도, 이런 믿음으로 살았다는 뜻입니다. 하나님께서도 그런 욥을 인정하셨습니다. 자랑스럽게 생각하셨습니다.

1:8을 보면 하나님께서 사탄에게 욥에 대해 말씀하시는데 이렇게 말씀하십니다.

네가 내 종 욥을 유의하여 보았느냐 그와 같이 순전하고 정직하여 하나님을 경외하며 악에서 떠난 자가 세상에 없느니라

욥처럼 악에서 떠난 사람도 없고, 정직하고, 의로운 사람도 없다고 하셨습니다. 누구에게 말씀하셨습니까? 사탄입니다. 사탄에게 하셨습니다. 사탄에게 이렇게 말씀하셨다는 것은 그만큼 자신이 있으셨다는 뜻입니다. 하나님께서는 그만큼 욥을 신뢰하셨습니다.

욥을 향한 첫 번째 시험

이런 사람이 고난을 겪으면 될까요? 이런 사람이 하루아침에 망하면 될까요? 자식이 몰살을 당하면 될까요? 안 됩니다. 의인에게는 그런 일이 일어나면 안 됩니다. 의인은 고난도 없고, 하는 일마다 잘 되어야 합니다. 죽을 때도 평안하게 죽어야 합니다. 반대로 악인은 죄를 지을 때마다 벌을 받아야 합니다. 고생만 하다가 죽어야 합니다. 죽을 때도 고통을 많이 당하고 죽어야 합니다. 이것이 우리의 보편적 생각입니다. 이런 생각을 보응의 원리라고 합니다.

보응의 원리는 하나님께서 세상을 다스리시는 방식 중 하나입니다. 이 문제는 이 책의 105~117쪽에서 자세하게 다루고 있습니다. 세상에는 보응의 원리가 있습니다. 그러나 세상에는 보응의 원리만 있지 않습니다. 의롭게 살아도 고난을 겪는 일이 있고, 거룩한 사람이 하루아침에 망하는 일도 있습니다. 왜 그럴까요? 왜 그런 일이 있을까요? 하나님은 뭐하실까요? 뭐하시기에 의인이 고난을 겪을 때 안 막아 주실까요? 그럴 것 같으면 누가 정직하게 살겠습니까? 그럴 것 같습니다. 욥기는 이런 주제를 다룹니다. 이런 문제에 답합니다.

만일 우리가 그런 일을 당한다면 그래도 우리는 하나님을 경외하고 사랑할까요? 아픔과 슬픔을 받아들이고 하나님께 감사하며 찬양할까요? 하나님을 원망하고 떠나지는 않을까요? 주일이 돌아와도 예배드리러 가지 않고, 믿음으로 살 필요가 없다고 생각하지는 않을까요? 정직하게 살거나 의롭게 살기를 포기하지는 않을까요? 1:9-11을 보면 사탄이 그렇게 생각한 것을 볼 수 있습니다. 1:9을 보면 하나님께서 욥을 자랑스럽게 말씀하셨을 때 사탄이 이렇게 대답합니다.

욥이 어찌 까닭 없이 하나님을 경외하리이까

욥이 순전하고 정직하고 하나님을 경외하며 악에서 떠나 사는 것은 다 속셈이 있었다는 뜻입니다. 까닭 없이 그렇게 살지 않았다는 뜻입니다. 그 속셈은 사탄의 생각입니다. 사탄이 욥을 넘겨짚어서 한 말입니다. 사탄이 생각한 속셈이 무엇이었을까요? 그것이 무엇이었냐면 하나님께서 재물의 복을 주셔서 욥이 하나님을 경외한다는 것이었습니다. 재물의 복을 받으려고 하나님 앞에서 순전하고 정직하게 살고 하나님을 경외하며 악에서 떠나 산다는 것이었습니다.

여러분께서는 하나님을 경외하며 사랑하십니까? 그러신 줄로 압니다. 그렇다면 하나님을 경외하고, 사랑하는 이유가 무엇입니까? 하나님께서 재물의 복을 주시기 때문입니까? 부자가 되고 싶어서 순전하고 정직하게 사십니까? 사탄은 그렇게 생각했습니다. 어떻습니까? 우리의 생각과 사탄의 생각이 같습니까, 다릅니까? 우리의 속셈과 사탄의 속셈이 같은지 다른지 알아보는 방법이 하나 있습니다. 우리가 예수님을 믿는 이유가 이 세상에서 잘 먹고 잘살고 출세하는 데 있는지, 그렇지 않은지를 아는 방법입니다. 그것은 하나님께서 우리의 재물을 거두어 가시는 것입니다. 하나님께서 우리를 하루아침에 망하게 하시면 우리가 재물 때문에 하나님을 믿는지, 아닌지를 알 수 있습니다. 그렇지요?

사탄은 그렇게 생각했습니다. 만일 하나님께서 재물의 복을 거두시면 욥은 하나님의 얼굴에 대고 욕할 것으로 생각했습니다. 하나님께서 재물을 치시면 더는 하나님을 경외하지 않고 떠날 것으로 생각했습니다. 사탄이 왜 그렇게 생각했을까요? 왜 재물을 거두시면 욥이 하나님의 얼굴에 대고 욕하고 떠날 것이라고 했을까요? 그런 인간이 있기 때문입니다. 사탄이 그런 인간을 봤기 때문입니다. 실제로 그런 사람이 있습니다. 아마 많을 것입니다. 재물의 복을 주시면 하나님을 믿고, 고난이 오면 하나님을 떠나는 사람 말입니다. 가난했는데 부자가 되면 믿음 생활을 열심히 하고, 부자였는데 가난하게 되면 하나님을 원망하는 사람이 있습니다.

사탄은 욥도 사람인지라 재물을 거두시면 틀림없이 그렇게 할 것으로 생각했습니다. 그럴까요? 재물을 거두면 하나님의 얼굴에 대놓고 욕을 할까요? 하나님을 원망하고 떠나버릴까요? 하나님께서는 욥은 그런 사람이 아닌 것으로 신뢰하셨습니다. 그래서 욥의 소유물을 사탄의 손에 맡기셨습니다. 욥의 재산을 쳐 보라고 하셨습니다. 그러나 그의 건강에는 손을 대지 말라고 하셨습니다. 그렇게 해서 욥의 고난이 시작되었습니다.

욥에게는 소가 일천 마리 있었고, 암나귀가 오백 마리 있었습니다. 어느 날 스바 사람이 쳐들어와 종들을 죽이고 모조리 약탈해 갔습니다. 양이 칠천 마리였는데, 바로 그날 하늘에서 불이 내려서 모든 양과 그것을 돌보던 종들이 타 죽었습니다. 약대가 삼천 마리였는데 같은 날 갈대아 사람이 쳐들어와 종들을 죽이고 빼앗아 갔습니다. 그것이 다가 아니었습니다. 그날 아들들과 딸들이 맏아들 집에 모여 식사를 하고 있었는데 대풍이 불어 집이 무너졌습니다. 그때 자녀 열 명이 함께 몰살을 당했습니다.

재산이 많지 않은 사람은 재산이 하루아침에 날아가면 충격을 받아도 상대적으로 적게 받을 수 있습니다. 재산이 많은 사람은 재산이 많은 만큼 충격을 강하게 받을 수 있습니다. 욥의 경우는 재산이 엄청나게 많았습니다. 당대에 "동방 사람 중에 가장 큰 자라" 했습니다. 게다가 자식들이 한 날에 다 죽었습니다. 따라서 그날 받은 충격은 엄청났을 것입니다. 어찌 세상에 이런 일이 있을 수 있단 말입니까! 거짓말 같은 이야기입니다. 도무지 있을 수 없는 일입니다. 이 말도 안 되는 일이 욥에게 일어났습니다. 절대로 있을 수 없는 일이라고 생각했던 일이 욥에게 일어났습니다. 세상일이 그렇습니다. 절대로 있을 수 없는 일이 누구에게나 일어날 수 있습니다.

고난 중에서도 하나님을 경외하는 욥

그때 욥이 어떻게 했을까요? 그래도 예배를 드리고 싶었을까요? 그래도 하나님을 경외하고 사랑하고 싶었을까요? 아니면 사탄의 생각처럼 하나님의 얼굴에 대놓고 원망하고 욕했을까요? 1:20을 보면 그때 "욥이 일어나 겉옷을 찢고, 머리털을 밀고 땅에 엎드려 경배했다"라고 했습니다. 자신에게 엄청난 시련을 주신 하나님께 땅에 엎드려 존경심을 나타냈습니다. 비록 까닭 없이 겪었지만, 아무런 죄도 없이 겪었지만, 그런데도 엎드려 하나님께 경배를 드렸습니다.

그리고 1:21을 보면 땅에 엎드려 이렇게 고백했습니다.

내가 모태에서 적신이 나왔은즉 또한 적신이 그리로 돌아 가올
지라 주신 자도 여호와시오 취하신 자도 여호와시오니 여호와
의 이름이 찬송을 받으실지니이다

이 세상에 태어날 때 아무것도 가지고 온 것이 없었으니 돌아
갈 때도 빈 몸으로 돌아간다는 뜻입니다. 이 세상에 사는 동안
하나님께서 많은 것으로 복 주셨는데, 주신 자가 하나님이시
니 하나님께서 거두신다 해도 하나님은 옳으시다는 뜻입니다.
이 세상에 올 때 아무것도 없이 왔는데 그동안 많은 것을 누렸
다는 것입니다. 그래서 하나님께서 모든 것을 취하셔도 하나
님의 이름을 찬양하고, 경배를 드렸습니다.

어떻습니까? 사탄의 생각이 보기 좋게 빗나가지 않았습니
까? 욥은 사탄이 생각하는 그런 사람이 아니었습니다. 그의
믿음도 사탄이 생각하는 그런 믿음이 아니었습니다. 욥이 이
렇게 고백했다는 것은 왜 우리가 하나님을 경외하고 사랑해야
하는지 이유를 밝힌 것입니다. 우리가 하나님을 경외하고 사
랑해야 하는 이유가 재물에 있지 않다는 것입니다. 재물의 축
복을 받고, 그것 좀 많이 누리게 해 달라고 하나님을 섬기는

것이 아니라는 것입니다. 이 세상에서 잘 먹고 잘사는 것도 중요하지만, 하나님을 믿는 목적이 거기에 있지 않습니다.

많은 사람이 하나님을 경외하고 사랑하는 목적을 이 세상에 두고 있습니다. 이 세상에서 잘살고 출세하고 부귀와 영화를 누리는데 신앙의 가치를 두고 있습니다. 지금보다 더 부자가 되고, 다른 사람보다 더 잘사는데 목숨을 걸고 있습니다. 이런 것을 세속주의라고 합니다. 현대 교회와 성도들의 신앙을 가장 위협하고 있는 것 중 하나는 세속주의입니다. 교회를 타락시키고, 성도들의 신앙을 타락시키는 것이 세속주의입니다.

성경은 재물의 중요성을 가르칩니다. 부는 하나님께서 주신 복으로 가르칩니다. 정직하게 살고, 의롭게 살고, 열심히 살아서 잘 살라고 가르칩니다. 재물의 복도 누리라고 가르칩니다. 잠언은 이런 사실을 강조합니다. 그렇다고 해서 신앙의 가치와 인생의 목표가 그것이라고 가르치지 않습니다. 그런데도 그렇게 생각하고, 이 세상에 가치를 두고 산다면 그것은 사탄의 생각과 맞아떨어진 것입니다. 그런 사람은 사탄이 생각한 그런 사람입니다. 그런 사람은 고난이 오면 하나님을 버립니다. 아픔과 슬픔을 당하면 하나님을 배반합니다. 사탄은 그런 사람을 많이 보았습니다. 그래서 욥도 그런 사람일 것으로 생각했습니다. 그러나 아니었습니다. 우리도 사탄이 생각하는 그런 사람이 아니기를 바랍니다. 오히려 하나님께서 보시고 신뢰하시는 성도가 되기를 바랍니다. 사탄에게 믿고 자랑할 수 있는 성도로 자라기를 바랍니다.

고난 중에서도 하나님을 경외해야 하는 이유

그렇다면 우리가 하나님을 경외하고 사랑해야 하는 이유가 무엇일까요? 왜 욥처럼 하나님께서 모든 재물을 거두신다 해도 하나님께 경배와 찬양을 드려야 할까요? 그것은 욥의 고백에 잘 나타나 있습니다. "주신 자도 여호와시오 취하시는 자도 여호와이시기" 때문입니다. 우리에게 있는 모든 것을 주신 분은 하나님이시기 때문에 우리는 하나님을 경외하고 사랑해야 합니다.

하나님은 우리에게 생명을 주셨습니다. 이 세상에 태어나 찬란한 빛을 보고 살게 하셨고, 한평생을 빛나게 사는 복을 주셨습니다. 우주 만물을 만드시고 그것도 우리에게 주시며, 그것을 누리며 살게 하셨습니다. 모든 사람이 죄로 망해야 하는데 특별히 우리를 그 가운데서 구원해 주셨습니다. 죄 사함을 주시고, 하나님의 자녀로 삼아 주셨습니다. 그리고 영원한 생명을 주시고, 천국에서 영생 복락을 누리게 하셨습니다. 그러므로 우리는 하나님을 경외하고 사랑해야 합니다.

설령 우리에게서 재산을 거두시고, 자녀들을 거두시고, 부모를 데려가셔도 하나님을 찬양해야 합니다. 그럴 때 우리는 아프고, 힘들 것입니다. 한탄스럽고, 원망스러울 것입니다. 그러나 하나님을 경외하고, 찬양해야 합니다. 하나님께서 잠시 맡겨 주신 것을 찾아가셨다고 생각해야 합니다. 하나님께서 주셔서 그동안 잘 누리고 살았는데, 이제 돌려 드렸다고 생각해야 합니다. 이것이 우리가 하나님을 경외하고 사랑해야 할 이유입니다. 고난과 아픔과 슬픔을 당할 때 힘들고 이해가 안 되고 가슴이 아프지만, 하나님을 찬양하고 경외해야 할 이유입니다.

우리가 이런 사실을 깨닫기를 바랍니다. 이런 믿음이 있기를 바랍니다. 욥과 같은 믿음입니다. 이런 믿음으로 산다고 해서 항상 고난만 있는 것이 아닙니다. 이런 믿음이 없다고 해서 고난을 안 당하는 것이 아닙니다. 이런 믿음이 없는 분들은 고난을 겪을 때 죽고 싶을 것입니다. 하나님을 배반할 것입니다. 오히려 이런 믿음이 있는 분에게는 고난 중에도 하나님의 위로가 있습니다. 고난을 이기고, 아픔과 슬픔을 이기게 하시는 은혜가 있습니다. 그 위로와 은혜로 역경을 이기고 승리합니다. 우리에게 이런 믿음이 있기를 바랍니다.

욥의 믿음이 엄청나서 흉내도 못 내겠다고 생각할지 모르겠습니다. 그러나 그런 믿음으로 사는 분들이 있습니다. 여순반란사건 때 두 아들이 죽임을 당한 손양원 목사님이 그런 분입니다. 손양원 목사님은 자기 아들을 죽인 사람이 국군에게 체포되어서 사형당한다는 말을 듣고 사령관을 찾아가서 사면해줄 것을 간청했습니다. 사면해 주자 그 사람을 자기 양자로 삼았습니다. 친아들이 둘이나 죽어 가슴이 무너지고 인생이 무너졌지만, 자기 아들을 죽인 사람을 양자로 삼아 키웠습니다. 그러므로 욥과 같은 믿음으로 살기를 포기해선 안 됩니다. 할수 없다고 말해선 안 됩니다.

우리에게는 이해가 안 되는 일이 일어납니다. 정말로 당하고 싶지 않은 일을 당할 수 있습니다. 우리가 아무리 싫어해도 당할 수밖에 없는 일도 있습니다. 우리는 그렇게 살 수밖에 없는 인간입니다. 그게 인생입니다. 고난을 겪고 살 수밖에 없는 인생입니다. 그러나 그런 우리에게 하나님이 계시는 것을 기억하시기를 바랍니다. 그런 우리 인생을 사랑하시는 하나님이 살아 계신 것을 기억하시기를 바랍니다. 그 하나님께서 아픔을 겪고 사는 우리를 위로하시고, 도우십니다. 우리를 격려하시고, 다시 일어서도록 힘을 주십니다. 재기하게 하시고, 회복하게 하십니다. 그 하나님께서 오늘도 우리 편이 되어 주신 것을 기억하시기를 바랍니다. 그리하여 하나님을 믿는 믿음으로 아픔과 슬픔을 이기고 사는 우리가 되기를 바랍니다.

03 고난 당하는 의인 (2)

욥기 2:1-10

여러분은 왜 예수님을 믿으십니까? 왜 주일마다 하나님 앞에 나와 예배드리십니까? 하나님께서 여러분의 모든 행사에 복을 주시기 때문입니까? 하나님을 믿으면 가정이 평안하고, 하는 일이 잘되고, 우환이 없기 때문입니까? 그렇다면 하나님께서 여러분의 행사에 복을 안 주시고, 가정에 우환이 생기면 어떻게 하시겠습니까? 그러면 주일예배도 안 드리고 하나님을 원망하시겠습니까? 하나님을 믿어도 소용없다며 하나님을 떠나시겠습니까?

사탄은 그렇게 생각했습니다. 하나님께서 재물의 복을 주시고, 자식들을 지켜 주시고, 우환으로부터 가정을 지켜 주시기 때문에 사람들이 하나님을 믿는다고 생각했습니다. 만일 재물을 치거나 가정을 쳐 버리면 하나님의 얼굴에 대놓고 욕할 것으로 생각했습니다. 욕하고 떠날 것으로 생각했습니다.

그래서 하나님께서 욥에 대해 자랑스럽게 물으셨을 때 "욥이 어찌 까닭 없이 하나님을 경외하겠습니까"라고 대답했습니다. 하나님께서 재물의 복을 주시고 우환을 당하지 않도록 지켜 주시기 때문에 하나님을 경외한다고 했습니다. 만일 하나님께서 재물을 거두시면 하나님의 얼굴에 대놓고 욕할 것이라고 했습니다.

욥을 신뢰한 하나님은 사탄에게 욥을 쳐 보라고 하셨습니다. 그의 몸은 손대지 말고, 재산과 가정을 쳐보라고 하셨습니다. 욥의 고난은 그렇게 시작되었습니다. 하루아침에 모든 재산이 날아갔고, 자식들이 한날에 다 죽었습니다. 사탄의 생각대로라면 욥은 하나님의 얼굴에 대놓고 욕해야 합니다. 하나님을 버리고 떠나야 합니다. 그러나 욥은 그렇게 하지 않았습니다. 오히려 하나님께 엎드려 경배를 드렸습니다. "주신 자도 여호와시오, 취하신 자도 여호와시오니 여호와의 이름이 찬송을 받으셔야 한다"고 했습니다. 이 일이 있고 난 뒤 또 하늘에서 회의가 열렸습니다. 그 회의에 또 사탄이 호출되었는데 하나님께서 사탄에게 물으셨습니다. 2:3이 그 물으심입니다.

네가 내 종 욥을 유의하여 보았느냐 그와 같이 순전하고 정직하여 하나님을 경외하며 악에서 떠난 자가 세상에 없느니라 사탄의 생각대로 욥의 재산과 자식들을 쳐버렸는데, 그래서 욥이 하나님을 욕하고 배반했는지 물으신 것입니다. 사탄이 욥을 시험해 봐서 알겠지만, 욥은 그런 사람이 아니라고 하셨습니다. 하나님의 말씀대로 순전하고 정직하여 하나님을 경외하며, 악에서 떠난 자라고 하셨습니다.

욥을 향한 두 번째 시험

하지만 2:4을 보면 사탄은 매우 상식적인 말로 이렇게 대답합니다.

가죽으로 가죽을 바꾸오니 사람이 그 모든 소유물로 자기의 생명을 바꾸올지라

가죽으로 가죽을 바꾼다는 것은 당시의 상거래를 인용한 말입니다. 가죽으로 가죽을 바꾸지, 가죽으로 목숨을 바꾸지는 않는다는 뜻입니다. 여기에서 가죽은 욥의 소유물을 의미합니다. 욥의 재산과 자식들을 쳤지만, 그런 것은 가죽에 불과하다는 뜻입니다. 이번에는 소유물 말고, 욥의 몸을 쳐 보시라는 뜻입니다. 욥의 살과 뼈를 치시면 분명히 하나님의 얼굴에 대

놓고 욕할 것이라는 뜻입니다. 그렇게 해서 욥의 두 번째 재앙이 시작되었습니다. 하나님께서 욥의 생명을 빼앗지 못하게 하셨지만, 욥의 살을 치도록 허락하셨습니다. 그때 사탄은 신바람이 났을 것입니다. 욥의 온몸에 악창을 나게 하면 욥을 무너뜨릴 수 있다고 확신했을 것입니다. 그러나 욥은 머리끝에서 발끝까지 종기가 났지만, 하나님을 배반하거나 욕하지 않았습니다.

요즈음 아이들은 종기가 나지 않습니다. 제가 어렸을 때는 종기가 곧잘 났습니다. 종기가 나면 이명래 고약을 붙이고 얼마 후에 종기를 짰습니다. 짤 때 종기의 뿌리까지 뽑히도록 고름을 짜야했습니다. 그렇지 않으면 재발했습니다. 그런 종기가 온몸에 났으니 그것을 다 짤 수 있었을까요? 짜는 것도 한계가 있습니다. 그래서였는지 욥은 종기를 짜지 않고, 기와 조각으로 온몸을 긁었다고 했습니다. 기와 조각으로 종기를 긁으면 어떻게 되었을까요? 피고름이 범벅이었을 것입니다. 온몸에 피와 고름이 뒤섞여서 보기에 흉하고, 악취가 났을 것입니다. 그쯤 되면 하나님을 원망하고 욕해야 합니다. 하나님을 배반해야 합니다. 그게 누구의 생각이었습니까? 사탄의 생각이었습니다. 사탄은 그렇게 할 것으로 생각하고, 욥을 곤경에 빠뜨렸습니다.

그런 사실을 보면 우리가 고난 겪을 때 그 고난이 사탄의 시험인지 아니면 믿음을 성장하게 하는 시련인지 어느 정도 구분할 수 있습니다. 고난을 겪을 때 하나님이 원망스럽고, 교회에 오기가 싫어지고, 기도나 예배를 드릴 필요 없다는 생각이 든다면 그것은 누가 주는 시험일까요? 사탄입니다. 사탄이 하나님을 배반하게 만들려고 주는 시험으로 생각해야 합니다. 이것이 사탄이 성도를 유혹하고, 죄를 짓게 하는 목적입니다. 어떻게 해서든지 하나님을 불신하게 하고, 하나님을 원망하고 떠나게 하려고 합니다.

사탄이 "가죽으로 가죽을 바꾸오리이까"라는 말을 했는데, 욥이 당한 가죽이 값싼 것이었습니까? 엄청나게 많은 재산을 쳐 버렸는데 그것이 작은 것이었습니까? 욥의 자녀들은 한날에 열 명이 다 몰살당했습니다. 그게 작은 일이었습니까? 결코 작은 일이 아니었습니다. 그것만으로도 욥을 시험하기에는 충분했습니다. 그 정도 쳤으면 하나님을 욕할 사람은 다 욕합니다. 하나님을 배반하고 떠날 사람은 다 떠납니다. 사탄도 그런 사실을 알았을 것입니다. 욥은 그런 사람이 아니라는 것도 알았을 것입니다. 그런데도 또 욥의 살과 뼈를 쳐 보자고 제안했다는 것은 욥의 믿음을 보는 것이 목적이 아니었습니다. 사탄의 목적은 오로지 욥을 무너뜨리는 데 있었던 것입니다. 욥으로 하나님을 배반하고, 하나님의 얼굴에 대놓고 욕하게 만드는 데 있었던 것입니다.

우리는 살아가면서 자주 시험을 당합니다. 어떤 경우는 시험을 당해도 기도와 믿음이 약해지지 않습니다. 힘들고 슬프지만 그래도 더 기도하고 싶고, 낙심되지만 더 예배하고 싶습니다. 이런 것은 하나님께서 주신 시험으로 생각해도 됩니다. 하나님께서 우리의 믿음을 단련시키기 위해서 주신 시험으로 생각해도 됩니다. 어떤 경우는 시험을 당하면 믿음이 약해지고, 기도와 예배가 싫어집니다. 어떤 사람은 하나님이 싫어서 떠납니다. 이런 시험은 마귀가 죄를 짓도록 유혹한 것입니다. 우리를 무너뜨리고, 하나님을 배반하게 만들려는 것입니다. 그렇다고 해서 이런 시험을 당할 때, 기도가 약해지고 예배에 빠지게 되면 사탄에게 지는 것입니다. 하나님을 멀리하고 믿음이 흔들리면 마귀에게 놀아나는 것입니다. 이런 경우에는 힘들겠지만, 더 예배하고 더 기도해야 합니다. 그렇게 함으로 마귀의 시험을 이길 수 있습니다.

사탄의 도구가 된 욥의 아내

고난을 겪을 때 누가 가장 힘이 되어야 할까요? 사람 중에 누가 가장 위로가 되고, 의지가 되어야 할까요? 가족입니다. 가족 중에서도 배우자입니다. 물론 목사의 심방과 권면도 위로가 될 것입니다. 온 교회가 기도하고 격려하는 것도 위로가 될 것입니다. 그러나 목사와 교회보다도 더 의지가 되고, 힘이 되어야 할 사람은 배우자입니다. 아내에게는 남편이 가장 힘이 되어야 하고, 남편에게는 아내가 가장 힘이 되어야 합니다. 그러나 안타깝게도 그렇지 않은 배우자도 있습니다. 너무 힘들고 슬픈데 남편이 힘이 안 되고, 아내가 힘이 안 되는 경우가 있습니다. 그런 분들은 오로지 하나님만 의지해야 합니다. 하나님만 의지하고 하나님의 은혜로 이겨야 합니다. 욥의 경우가 그랬습니다. 아내가 힘이 되기는커녕 낙심을 주고, 미워한 것을 볼 수 있습니다.

2:9은 욥의 아내가 욥에게 한 말입니다.

그 아내가 그에게 이르되 당신이 그래도 자기의 순전을 굳게 지키느뇨 하나님을 욕하고 죽으라

욥의 아내는 욥에게 하나님의 얼굴에 대고 욕하고, 나가 죽으라고 했습니다. 욥의 고난은 욥만의 고난이 아니었습니다. 욥의 아내에게도 고통이었고 아픔이었습니다. 둘 다 힘들게 버

티는 중이었습니다. 그렇다고 남편에게 그렇게 말하면 될까요? 남편이 평생을 어떻게 살았는지 누구보다 잘 아는 아내였습니다. 그동안 남편과 더불어 하나님의 축복을 누리되 분에 넘치도록 누렸습니다. 평생을 함께 살아온 아내가 남편에게 "하나님을 욕하고, 나가 죽으라"라고 하면 될까요? 그러면 안 됩니다.

욥의 아내가 한 말은 사탄의 생각과 정확하게 맞아떨어집니다. 사탄은 가죽을 치거나 아니면 몸을 치면 하나님을 욕하는 사람을 많이 봤는데 욥의 아내가 그런 사람이었습니다. 그것은 욥의 아내가 사탄의 도구가 되어서 욥을 괴롭힌 격입니다. 그런 사람은 영광을 얻지 못합니다. 고난을 겪는다고 해서 사탄의 도구로 전락하면 망합니다.

실제로 그런 사람이 있습니다. 가정에 어려움이 생기면 가족을 버리고 떠나는 사람이 있습니다. 아내가 병들었다고 아내를 버리고 떠나는 남편도 있고, 남편이 실직해서 경제적으로 어렵다고 남편을 버리는 아내도 있습니다. 요즈음 젊은 사람의 이혼 사유를 보면 첫째가 성격 문제이고, 두 번째는 경제 문제입니다. 기성세대는 경제적으로 어렵다고 이혼하지는 않았습니다. 그러나 젊은 세대 중에는 남편이 실직하거나 돈을 못 벌어오면 이혼을 요청하는 사람이 많습니다. 욥의 아내와 같은 사람입니다. 그런 사람이 가정의 경제가 회복되고 가정이 살만해졌을 때 그 축복을 누릴 수 있을까요? 힘들 때 떠났다가 가정으로 돌아올 기회가 있을까요? 돌아올 기회가 없습니다. 축복과 영광을 누릴 수 없습니다.

욥의 말년을 보면 고난을 겪기 전보다 재산이 꼭 두 배로 많아졌습니다. 전보다도 더 거부가 되었습니다. 그리고 재앙이 임했을 때로부터 140년을 더 살면서 아들 손자 4대를 보았습니다. 그만큼 노년기에 많은 축복과 영광을 누렸습니다. 자녀들도 열 명을 낳았는데, 이번에도 아들이 일곱이었고, 딸이 셋이었습니다. 욥의 아내가 가정을 떠났다면 이렇게 회복되었을 때 그 축복과 영광을 누렸을까요?

어느 교수님이 이 내용과 관련해서 제게 물었습니다. "임 목사님, 이 자녀들을 낳은 사람이 욥에게 죽으라고 저주했던 그 아내일까요? 아닐까요?" 이런 문제를 생각해 본 적이 없어서 그때는 대답하지 못했습니다. 그러나 그 뒤에 몇 차례 생각해 봤는데, 이 아내가 그 아내가 아닐 것으로 생각합니다. 견디기 힘들다고 하나님을 욕하라 하고, 남편에게 나가 죽으라고 했던 그 아내가 아닐 것으로 생각합니다. 그렇게 판단할 단서가 많지 않은데, 욥의 회복을 말할 때 자녀 열 명을 낳았다는 사실이 그렇게 생각하게 합니다. 따라서 그 아내는 가정이 회복되었을 때 축복과 영광을 참여하지 못했을 것으로 생각합니다.

가정에 고난이 오면 온 가족이 마음을 모아야 합니다. 믿음으로 하나가 되어서 함께 기도하고, 서로 격려하고, 서로 힘이 되어야 합니다. 그리할 때 고난도 잘 이길 수 있고, 가정이 다시 회복되었을 때 영광과 축복도 함께 누릴 수 있습니다. 고난이 없는 사람은 아무도 없습니다. 누구나 고난을 겪고 삽니다. 고난을 겪을 때 온 가족이 믿음으로 하나가 되기를 바랍니다. 하나가 되어서 함께 기도하고, 함께 격려하고, 서로 힘이 되기를 바랍니다.

아내를 꾸짖는 욥

그렇다면 욥은 어떻게 했을까요? 두 번째 고난을 겪었을 때, 아내가 하나님을 욕하고 나가 죽으라고 했을 때, 욥은 어떻게 했을까요? 2:10을 보면 이렇게 꾸짖습니다.

우리가 하나님께 복을 받았은즉 재앙도 받지 아니하겠느뇨 하고 이 모든 일에 욥이 입술로 범죄치 아니하니라

이 말씀으로 볼 때 사탄의 생각은 또다시 보기 좋게 빗나간 것

을 알 수 있습니다. 욥은 사탄이 생각하는 그런 사람이 아니었습니다. 따라서 욥이 이겼습니다. 사탄이 욥을 무너뜨리려고 두 차례나 파상적인 공격을 퍼부었지만, 욥이 이겼습니다. 하나님을 경외하는 믿음으로 이겼습니다.

우리는 재앙을 싫어합니다. 욥도 싫었습니다. 차라리 죽는 게 낫다고 할 정도로 싫었습니다. 그렇다고 재앙을 피해갈 수는 없습니다. 인생에는 재앙이 있습니다. 재앙이 없는 인생은 아무도 없습니다. 그러나 인생에는 재앙만 있지 않습니다. 하나님의 위로가 있고, 축복이 있습니다. 재앙이 감히 견줄 수 없는 영광이 있습니다. 그러므로 인생을 축복만 기대하고 살아선 안 됩니다. 좋은 일만 꿈꾸고, 밑도 끝도 없는 희망만 품고 살아선 안 됩니다. 우리는 그것은 환상적인 소망이라고 합니다. 그것은 환상이지 현실이 아닙니다. 인생에는 재앙도 있습니다. 누구나 재앙을 당하고 삽니다. 부자나 가난한 자나 권력가나 비천한 자나 누구나 재앙을 당하고 삽니다. 그런 현실을 받아들이고 살아야 합니다. 하나님께서 복 주셔서 복을 누렸으면, 재앙이 올 때는 믿음으로 이기고 살아야 합니다. 그게 욥이 보여 준 신앙이었습니다. 하나님은 그 믿음을 귀하게 보셨습니다.

우리가 지금은 복을 누리고 산다 해도 고난을 겪을 수 있습니다. 재앙을 당할 수 있습니다. 하나님께서 주시는 위로와 축복도 누릴 것이고, 고난도 당하며 살 것입니다. 그럴 때 너무 놀라거나 너무 슬퍼하지 않기를 바랍니다. 이것이 인생이라고 생각하기를 바랍니다. 그런 가운데서도 하나님께서 함께하시고 도우신다는 것을 알기를 바랍니다. 이것이 욥기가 가르치는 믿음입니다. 전도서가 가르치는 믿음이기도 합니다. 이런 믿음으로 사는 분들이 인생을 잘 삽니다. 성실하게 잘 살고, 능력있게 잘 삽니다. 우리에게 이런 믿음이 있기를 바랍니다. 그리하여 우리의 인생을 믿음으로, 하나님을 경외하는 믿음으로 잘 살아내기를 바랍니다.

04 고난 중의 탄식 (1)

욥기 3:1–26

사람이 살면서 실패도 없고, 우환도 없고, 아픔도 없기를 바라고 사는 것이 좋을까요? 아니면 좋은 일도 있지만, 실패도 있고 우환도 아픔도 겪을 수 있다는 생각을 품고 사는 것이 좋을까요? 어느 것이 좋을까요? 항상 좋은 일이 있고, 성공할 수 있고, 꿈을 이룰 수 있고, 돈도 잘 벌 수 있고, 자식도 잘될 수 있다고 생각하고 사는 것이 좋을까요? 좋은 일도 있지만 나쁜 일도 있고, 돈을 잘 벌 수도 있지만 못 벌 수도 있고, 자식이 잘될 수도 있지만 그렇지 않을 수도 있다고 생각하는 것이 좋을까요? 어느 것이 좋을까요? 어떤 생각을 품는 사람이 세상을 더 잘 살까요? 어떤 생각으로 사는 것이 믿음으로 사는 것일까요?

여러분은 전자가 좋으십니까, 후자가 좋으십니까? 저는 후자입니다. 저는 세상에는 좋은 일도 있고, 나쁜 일도 있다는 생각을 품고 삽니다. 어떤 사람은 그렇게 생각하면 나쁜 일이 많이 생길 수 있다고 말합니다. 그것은 미신적인 생각입니다. 저는 기도를 해도 좋은 일만 생기게 하시고, 돈을 잘 벌게 하시고, 항상 건강하게 하시고, 자식도 항상 잘되게 해 주시라고 기도하지 않습니다. 잘못된 것을 고치며 살게 하시고, 아픔과 슬픔을 이기며 살게 해 주시라고 기도합니다. 하는 일에 은혜를 주시라고 기도하고, 믿음이 자라게 해 주시라고 기도하고, 어떤 처지에 있든지 감사와 기쁨을 가지고 살게 해 주시라고 기도합니다. 이런 생각으로 사는 사람이 믿음으로 사는 사람이고, 세상을 훨씬 잘 삽니다.

욥은 두 번 고난을 겪었습니다. 두 번 다 아무런 잘못 없이 겪었습니다. 그 고난들은 끔찍했습니다. 생각하고 싶지 않을 만큼 무서운 고난이었습니다. 하지만 고난 중에도 하나님을 배반하지 않았고, 믿음으로 행동했습니다.

첫 번째 고난을 겪었을 때 이렇게 고백했습니다(1:21).

내가 모태에서 적신이 나왔사온즉 또한 적신이 그리로 돌아 가올지라 주신 자도 여호와시요 취하신 자도 여호와시오니 여호와의 이름이 찬송을 받으실지니이다

이 세상에 올 때 아무것도 가지고 온 것이 없었는데 그동안 많은 것을 가질 수 있었던 것은 하나님의 은혜였다는 뜻입니다. 하나님께서 복을 주셔서 받아 누리고 살았다는 뜻입니다. 그러므로 하나님께서 거두어 가셨어도 그동안 많은 것을 주신 하나님이 찬양을 받아야 한다고 했습니다.

두 번째 고난을 겪었을 때 이렇게 고백했습니다(2:10).

우리가 하나님께 복을 받았은즉 재앙도 받지 아니하겠느뇨

인생이 복만 받고 살 수는 없다는 뜻입니다. 복을 주시면 복을 받고, 재앙을 주시면 재앙도 받아야 한다는 뜻입니다. 그것이 인생이므로 재앙도 받아들이며 살겠다는 것입니다. 이런 자세로 사는 것이 하나님의 주권을 인정해 드리는 믿음입니다. 인간의 한계를 인정하는 것이고, 믿음으로 사는 것입니다. 이런 생각을 품고 사는 사람이 그렇지 않은 사람보다 인생을 훨씬 잘 삽니다. 우리에게 이런 자세가 있기를 바랍니다. 믿음의 생각입니다. 이런 믿음을 품고 살기를 바랍니다.

탄식하는 욥

그렇다면 고난을 겪을 때 힘들다고 탄식하면 안 될까요? 내가 왜 이런 고난을 겪어야 하는지 알게 해 주시라고 탄식하면 안 될까요? 나는 잘못이 없는데 하나님께서 허락하셔서 겪는다고 생각하면 안 될까요? 다시 말해서, 하나님을 원망하면 안 되느냐는 것입니다. 안 될까요? 욥은 재앙을 당했을 때 탄식했습니다. 저렇게 탄식해도 되나 싶을 정도로 탄식했습니다. 탄식을 이해하지 못한 친구들이 믿음이 없다고 책망할 정도로 탄식했습니다. 오늘과 다음 주는 욥이 고난을 겪을 때 토해 낸 탄식을 살펴보겠습니다.

욥이 재앙을 당했다는 말을 듣고 세 친구가 찾아왔습니다. 친구라고는 하지만 욥의 아버지보다 나이가 많은 분이 있었고, 백발이 성성한 분도 있었습니다. 그런데도 친구라고 한 것은 그만큼 욥과 친분이 두터웠기 때문이었던 것으로 보입니다. 재앙을 겪은 지 칠 일이 지났을 때였습니다. 비로소 욥이 입을 열기 시작했습니다. 친구들 앞에서 말하기를 시작하는데 먼저 자신의 출생을 저주하는 말을 했습니다. 이렇게 비참한 일을 당하고 보니 차라리 태어나지 않았으면 더 좋을 뻔했다고 탄식했습니다. 그때 어떤 말을 했는지 보실까요? 3:3 입니다.

나의 난 날이 멸망하였었더라면 남아를 배었다 하던 그 밤도

그러하였었더라면

욥의 엄마가 욥을 낳던 그 날이 세상의 종말이었더라면 좋을 뻔했다는 뜻입니다. 그날 밤에 온 세상이 망했더라면 좋을 뻔했다는 뜻입니다. 아니면 아들을 임신했다고 좋아했던 그 밤이 망했더라도 좋을 뻔했다는 뜻입니다. 욥은 고난을 겪었을 때 죽지 않고 출생한 것을 탄식했습니다.

3:11에는 더 직설적으로 탄식합니다.

어찌하여 내가 태에서 죽어 나오지 아니하였던가 어찌하여 내

어미가 낳을 때에 내가 숨지 아니하였던가

이 세상에 나올 때 차라리 죽어 나왔더라면 좋을 뻔했다는 뜻입니다. 그랬더라면 지금처럼 재앙을 당하지 않았을 것이라는 뜻입니다. 이런 재앙을 당하고 보니 이 세상에 태어난 것보다 태어나지 않은 것이 더 복이라는 뜻입니다. 욥은 그렇게 말하기를 한두 번으로 끝내지 않았습니다. 모두 스물세 번이나 했습니다. 3:3처럼 "나의 난 날이 멸망하였었더라면"이라는 식으로 말한 것은 자신이 태어나지 않았을 수 있는 방법을 제시한

것입니다. 이런 방법으로 열여섯 번이나 탄식했습니다. 3:11처럼 "어찌하여 내가 태에서 죽어 나오지 아니하였던가!"라는 식으로 말한 것은 이 세상에 태어난 것을 저주한 것입니다.

3:13은 조금 특별한 방식으로 말합니다.

> 그렇지 아니하였던들 이제는 내가 평안히 누워서 자고 쉬었을
> 것이니

이것은 죽은 자를 예찬하는 말입니다. 태어나지 못하고 죽은 아이들이 태어난 아이보다 더 복이라는 뜻입니다. 이런 식으로 말하기를 모두 스물세 번이나 했습니다. 결과적으로 똑같은 말을 스물세 번이나 한 셈인데, 똑같은 말을 이렇게 많이 했다는 것은 그만큼 욥의 고통이 극심했다는 것을 의미합니다. 욥은 그렇게 힘들었고, 힘들다고 탄식했습니다.

탄식을 들으시는 하나님

앞에서 여쭌 대로 그리스도인이 이런 말을 해도 될까요? 아무리 힘들다고 차라리 태어나지 않았더라면 더 좋을 뻔했다고 말해도 될까요? 차라리 죽는 것이 더 낫겠다고 말해도 될까

요? 그것은 불신앙이 아닐까요? 하나님께 불경이 아닐까요? 이것을 이해하려면 탄식과 원망의 차이를 알아야 합니다. 탄식은 몸이 아플 때 내는 신음과 같고, 자신이 힘들다고 말하는 하소연과도 같습니다. 원망은 자신의 문제를 다른 사람의 탓으로 돌리는 것입니다. 내가 이렇게 된 것은 누구 때문이라고 말하는 것입니다. 성경을 보면 탄식은 신앙인에게 허용되지만, 원망은 허락되지 않습니다. 그리스도인은 힘들면 기도할 때나 찬양할 때 힘들다고 탄식해도 됩니다. 하나님은 우리의 탄식을 기도로 알아들으십니다. 그러나 원망은 육신의 생각이고, 죄의 생각입니다. 원망은 하면 안 됩니다.

시편을 보면 탄식시가 나옵니다. 그 외에도 탄식 기도가 나옵니다. 사무엘의 어머니 한나는 사무엘을 낳을 때까지 오랫동안 아이를 낳지 못했습니다. 남편이 한나를 많이 위로했지만, 위로가 되지 않았습니다. 남편의 작은 부인 브닌나가 한나의 마음을 괴롭게 했을 때는 너무 힘들었습니다. 그렇지 않아도 마음이 괴로운데 브닌나로 인해 서럽고 억울한 감정까지 북받쳐 올랐습니다. 한나는 괴로운 마음 때문에 기도할 때 통곡했습니다. 통곡했지만 큰 소리로 울지 않고 흐느끼며 울었습니다. 제사장이 기도하는 한나를 봤을 때 꼭 술 먹은 여자처럼 보일 정도였습니다. 그러나 하나님은 그 흐느끼는 소리를 들으셨습니다. 그것은 하나님 앞에서 힘들고 서럽다고 토로하는 탄식이었습니다. 서럽고 힘든 나를 도와주시라는 간구였습니다. 하나님은 그 소리를 기도로 들으시고 한나의 기도에 응답하셨습니다.

우리도 한나처럼 괴롭고 서러울 때 흐느끼며 탄식할 수 있습니다. '하나님, 왜 저에게는 자녀를 안 주십니까? 왜 저를 이렇게 살게 하십니까? 제가 얼마나 힘든지 아시잖아요? 저를 도와주세요. 저를 축복해 주세요.'라고 기도할 수 있습니다. 이런 것이 탄식입니다. 예수님께서도 십자가에서 저주의 고통을 당하실 때 탄식하셨습니다. "엘리, 엘리 라마 사박다니"라고 외치셨는데 "하나님, 하나님, 어찌하여 저를 버리셨나까?"라고 외쳤습니다. 이 기도도 탄식이었습니다. 예수님께서도 탄식하며 기도하셨습니다.

우리는 몸살 나면 앓는 소리를 냅니다만 저는 앓는 소리를 잘 안 내는 편입니다. 그래도 잠자다가 몸살 나면 저도 모르게 앓는 소리를 내는 모양입니다. 제 아내가 앓는 소리를 듣고 깨우면 그때야 몸살이 난 것과 앓는 소리를 낸 것을 압니다. 탄식이 그와 같습니다. 아플 때 몸이 아프다고 앓는 소리를 내는 것과 같습니다. 탄식은 마음이 앓는 소리를 내는 것과 같습니다. 하나님은 그 신음을 기도로 들으십니다. 몸살이 났을 때 신음을 내면 조금 참을 만하고, 덜 아프게 느껴지지 않습니까? 그렇습니다. 신음을 안 내면 더 아픈 것 같고, 내면 덜 아픈 것 같습니다. 탄식이 그와 같습니다. 그래서 저는 탄식을 하나님께서 주신 위로요, 축복이라고 생각합니다.

원망이 아닌 탄식을 하다

욥기 3장에서 욥이 한 말은 탄식이었습니다. 원망이 아니었습니다. 자신의 고난을 하나님 탓으로 돌린 것이 아니라 견디기가 너무 힘들다고 탄식했습니다. 하나님께 응석을 부린 것이고, 아프다고 말씀드린 것입니다. 왜 이런 일을 당해야 하는지 그 이유를 알게 해 주시라고 탄원한 것입니다.

시집간 딸이 사는 것이 힘들다고 친정엄마를 찾아와 목 놓아 울 수 있습니다.

'엄마, 왜 나를 낳았어? 왜 나를 낳아서 이렇게 고생하게 하는 거야. 차라리 낳지 말지. 차라리 지워 버리지. 그랬더라면 이렇게 힘들게 살지 않았을 것 아니야.'

그 말을 들은 친정엄마는 딸을 꼭 끌어안아 주시면서 말합니다.

'그래. 힘들지. 그래. 울어라. 울고 싶은 대로 울어. 그리고

마음 털고 다시 일어나라. 좋은 날이 올거야.'

탄식이 그와 같습니다. 사는 것이 너무 힘드실 때가 있습니까? 탄식하십시오. 하나님 앞에서 탄식하십시오. 하나님께서는 그 탄식을 들으십니다. 우리의 신음을 들으십니다. 들으시고 우리에게 힘을 주시고, 용기를 주십니다. 사정을 들으시고 도우십니다. 고난을 겪을 때 억지로 버티기보다는 탄식하며 기도하시기 바랍니다.

1:22을 보면, 첫 번째 재앙을 당했을 때 "욥이… 하나님을 향하여 어리석게 원망하지 아니하니라"라고 했습니다. 그러나 7:11을 보면 친구들과 논쟁을 하는 가운데 이렇게 말합니다.

그런즉 내가 내 입을 금하지 아니하고 내 마음의 아픔을 인하여 말하며 내 영혼의 괴로움을 인하여 원망하리이다

1:22에서는 욥기를 기록한 기자가 원망하지 않았다고 했고, 7:11에서는 욥이 자기 입으로 원망하겠다고 했습니다. 어느 것이 맞을까요? 욥이 하나님을 원망했다는 것입니까, 안 했다는 것입니까?

이 문제는 히브리어 원문을 봐야 이해할 수 있습니다. 1:22에서는 '나탄'(נָתַן)이라는 단어를 사용하는데, 이것은 '누구 탓

으로 돌리다'라는 뜻입니다. 우리말대로 '원망'이라는 뜻입니다. 욥은 자신이 재앙을 당한 것을 하나님 탓으로 돌리지 않았다는 뜻으로 한 말입니다. 7:11은 이와 다른 단어를 사용합니다. 여기에서는 '아시하'(אשיחה)라는 단어를 사용합니다. 그 뜻은 '대화하다, 여쭈겠다'라는 뜻입니다. 자신이 왜 이렇게 힘든 일을 당해야 하는지 하나님께 '여쭈겠다'는 뜻입니다. 정리하면 욥은 재앙을 당했을 때 그 책임을 하나님께 돌리지 않았습니다. 다만 자신이 왜 이런 고난을 겪어야 하는지 여쭌 것입니다. 이것이 탄식입니다. 그러므로 우리도 고난을 겪을 때 탄식해도 됩니다. 탄식해도 하나님께 하는 것이 좋습니다. 사람에게 할 수도 있겠지만, 그런 경우 비난이 될 수 있습니다. 탄식은 사람에게보다는 하나님께 하는 것이 좋습니다. 그리고 고난을 겪을 때 차라리 죽는 것이 더 낫겠다고 탄식할 수 있지만, 그렇다고 어리석은 짓을 하면 안 됩니다.

욥도 차라리 죽는 것이 낫겠다고 탄식을 했지만, 그렇다고 어리석은 짓을 하지 않았습니다. 탄식했지만 살기를 원했습니다. 자신의 날이 얼마 남지 않았으니 그런 날이 오기 전에 살려 달라고 했습니다. 죽은 자는 감사할 수 없고 찬양할 수 없으므로, 살려 주셔서 감사하고 찬양하게 해 주시라고 했습니다. 그리고 보면 욥의 탄식은 죽으려는 것이 아니라 힘들다는 신음이었고, 살고 싶다는 기도였습니다.

만일 욥이 죽는 게 더 낫겠다고 탄식하고 어리석게 죽었다면 회복의 축복을 누렸을까요? 고난이 끝났을 때 전보다도 갑절이나 더 복을 받았고, 자식도 아들 일곱과 딸 셋을 낳았습니다. 그리고 그 후에 140년을 더 살면서 자손 사대를 보았습니다. 고난을 겪을 때 절망하고, 어리석게 행동했다면 그런 복을 누렸을까요? 누리지 못했습니다.

다윗도 그런 경험이 있습니다. 사울 왕이 죽이겠다고 군대를 동원해 추격했을 때 살겠다고 블레셋으로 도망했습니다. 그러나 블레셋 왕의 신하들은 다윗이 골리앗을 죽인 것을 기억하고 있었습니다. 그 순간 다윗은 죽는 줄로 생각했습니다. 살기 위해서 기지를 발휘하는데 침을 질질 흘리면서 미친놈처럼 행동했습니다. 그렇게 해서 위기에서 벗어났고 훗날 왕이 되었습니다. 그때 절망하고 자결하거나 싸우다 죽었다면 왕이 되는 복을 누렸을까요?

아무리 고난이 힘들어도 인생은 살만한 가치가 있습니다. 차라리 죽는 게 더 낫겠다고 생각할 때가 있지만, 그래도 인생은 살만한 가치가 있습니다. 그러므로 이제는 죽고 싶다는 탄식이 절로 나오더라도 절망하지 마시기를 바랍니다. 인생을 포기하거나 삶을 포기하지 마시기를 바랍니다. 절망감이 들지만 기도하시기를 바랍니다. 기도가 되지 않거든 신음을 내며 탄식하기를 바랍니다. 하나님은 그 탄식을 들으십니다. 그 신음을 기도로 들으십니다. 들으시고, 위로하시고, 용기를 주십니다. 도우시고 살길을 열어 주십니다. 우리도 욥처럼 역경을 당했을 때 기도하기를 바랍니다. 탄식하며 기도하기를 바랍니다. 그리하여 욥을 도우셨던 하나님께서 우리를 도우시기를 바랍니다. 그 도우심으로 역경을 이기고, 아픔을 이기고, 슬픔을 이기며 살기를 바랍니다.

05 고난 중의 탄식 (2)
욥기 7:11–21

욥이 재앙을 당하기 시작한 지 여러 달이 지났을 때였습니다. 그때까지도 독한 종기로 고생하고 있었습니다. 종기가 너무 많아 기와 조각으로 몸을 긁었다고 했는데, 피고름과 진물로 온몸이 범벅이었습니다. 그 정도 되면 온몸에 구더기가 바글바글 끓지 않았을까요? 흙먼지와 상처의 진물이 엉겨 붙어 누더기처럼 몸에 달라붙지 않았을까요? 그랬습니다.

7:5은 욥이 그때 자신의 몰골이 얼마나 흉측했던지 이렇게 말했습니다.

내 살에는 구더기와 흙 조각이 의복처럼 입혔고 내 가죽은 합창되었다가 터지는구나

온몸에 구더기가 들끓고, 상처 딱지가 더러운 옷처럼 따닥따

닥 붙었다는 뜻입니다. 가죽이 합창되었다가 터진다는 것은
상처가 아물었다가 다시 터지기를 반복한다는 뜻입니다. 상처
가 그 정도인데 살 수 있을까요? 그래도 살고 싶은 생각이 들
까요? 조선 시대의 왕 중에는 종기로 고생하거나 죽은 이가 더
러 있었습니다. 세종대왕의 아들 문종은 종기로 고생하다가
39세에 사망했습니다. 성종도 종기와 폐병으로 38세에 사망했
습니다. 그 외에도 종기로 고생하다 죽은 왕이 여러 명 있었습
니다. 그만큼 옛 시대에는 종기가 치명적이었고 살 소망을 꺾
었습니다. 욥도 자신의 몰골과 처지를 생각하면 살 희망이 보
이지 않았습니다. 자신의 날이 얼마 남지 않았음을 직감했습
니다.

하나님을 향한 탄식은 도움을 구하는 기도

네 번째 설교에서 고난 중의 탄식에 대해 살폈습니다. 그때
는 욥이 자신의 출생을 저주하며 탄식했습니다. 차라리 태어
나지 않았더라면 더 좋을 뻔했노라고 탄식했습니다. 여섯 번
째 설교에서 살펴보겠지만, 그 탄식을 들은 친구 중 한 사람인
엘리바스가 욥을 책망했습니다. 네가 망한 것은 죄 때문에 망
한 것이지, 죄가 없는데 망했겠느냐고 훈계했습니다. 그 말을

들은 욥은 화가 났습니다. 자신은 죄 때문에 당한 것이 아닌데 충고한답시고 죄 때문에 당했다고 하자 억울한 생각이 들었습니다. 억울한 생각에 친구들에게 항변했습니다. 친구들을 향한 항변에 이어서 하나님을 향하여 탄식했습니다. 대체로 욥의 항변은 두 장 정도 분량인데 한 장은 친구들을 향한 항변이고, 나머지 한 장은 하나님을 향한 탄식이거나 기도입니다. 이번 설교의 본문은 하나님을 향한 두 번째 탄식입니다. 탄식할 때 먼저 자신은 살 소망이 없다고 했습니다.

7:6을 보실까요?

나의 날은 베틀의 북보다 빠르니 소망 없이 보내는구나

베틀의 북은 옷감을 짤 때 실을 감은 실패를 말합니다. 옷감을 짤 때 북에 감은 실을 풀어가면서 짭니다. 옷감을 능숙하게 짜는 여인들은 북을 잡은 손놀림이 빠른데 자신의 몸이 그렇게 빨리 악화되고 있다는 뜻입니다. 죽을 날이 빨리 다가오고 있어 다시 살 수 있으리라는 소망이 없다는 뜻입니다.

7:7은 하나님께 자신의 절망적인 처지를 말씀드립니다.

내 생명이 한 호흡 같음을 생각하옵소서 나의 눈이 다시 복된

것을 보지 못하리이다

자신의 목숨이 얼마나 위태로운지 숨 한 번 쉬고 나면 끝날 만큼 위태롭다는 뜻입니다. 그래서 다시 살아서 좋은 세상을 볼 수 있는 희망이 없다고 했습니다. 욥은 자신의 몰골과 상태를 보면서 그렇게 절망했습니다. 자신은 살 소망이 없고, 죽을 날이 얼마 남지 않았다고 했습니다.

욥과 같은 처지를 당하면 그렇게 절망하는 것은 당연하지 않을까요? 욥과 같이 지독한 고통을 안 겪어서 그렇지, 그런 고통을 당한다면 소망을 갖기가 어렵지 않을까요? 그럴 수 있습니다. 그런 처지에서 나을 수 있고, 다시 재기할 수 있을 것이라는 희망을 품기가 어렵습니다. 그러나 자신이 자신에게 소망이 없다고 말하는 것과 하나님께 소망이 없다고 말씀드리는 것은 의미가 다릅니다. 자신이 자신에게 소망이 없다고 말하는 것은 절망입니다. 자신이 자신에게 너는 틀렸다고 말하는 것이고, 죽고 싶다고 말하는 것입니다. 그러나 하나님께 자신은 소망이 없다고 말씀드리는 것은 절망이라도 절망이 아닙니다. 하나님께 내 처지가 이렇게 절망적이라고 말씀드리는 것은 살려 주시라는 기도이고, 살고 싶다는 소망입니다. 그러므로 우리는 어떤 절망적인 처지더라도 하나님 앞에서 절망해야 합니다. 자기가 자기에게 절망할 것이 아니라 하나님 앞에서 절망해야 합니다. 그런 사람은 마치 이렇게 기도하는 것과 같습니다.

'하나님 제가 이렇게도 희망이 안 보입니다 제게는 도와줄 사람도 없고 희망적인 일도 보이지 않습니다 어떻게 하면 좋겠습니까? 하나님께서 살려 주지 않으시면 누가 저를 살려 주겠습니까? 하나님 저를 좀 살려 주십시오.'

저도 오래전에 깊은 절망감을 경험한 적이 있습니다. 제 처지와 주변을 돌아봐도 희망을 품을 만한 것이 보이지 않았습니다. 그래도 기도하기를 포기하지 않았습니다. 그때 새벽마다 기도하기를 이렇게 기도했던 기억이 납니다. "하나님, 제 마음이 너무 낙심됩니다. 소망이 없습니다. 제가 어떻게 하면 좋겠습니까?" 또 이렇게 기도했습니다. "하나님, 제게 소망을 주세요. 소망을 주세요."

어떤 날은 소망을 주시라고 기도하기를 새벽 기도하는 내내 기도했습니다. 그때 절망감이 밀물처럼 밀려왔지만, 하나님께 소망을 품었습니다. 그렇게 기도하면서 어려운 시기를 이겨 낸 경험이 있습니다. 그렇게 기도했어도 당장에 문제가 해

결된 것은 아니었습니다. 그러나 어려운 순간순간을 이겨 나가는 힘이 났습니다.

우리가 살면서 절망을 경험할 수 있지만 그렇다고 해서 절망으로 끝을 내선 안 됩니다. 인간적으로나 세상적으로 희망이 보이지 않더라도 하나님을 바라보고 소망을 품어야 합니다. 왜냐하면 하나님은 우리의 절망적인 처지 가운데서도 함께하시기 때문입니다. 절망하는 우리를 지켜보시며 인도하시기 때문입니다. 우리의 절망을 희망으로 바꾸시고, 죽을 자를 살려 주시고, 망한 자를 다시 일으켜 주시기 때문입니다. 그러므로 사는 것이 힘드시거든 하나님 앞에서 절망하시기를 바랍니다. 하나님은 그 절망적인 탄식을 기도로 들으십니다. 들으시고 도우십니다. 하나님 앞에서 절망하고, 하나님 앞에서 탄식하기를 바랍니다.

의인이기에 할 수 있는 하나님을 향한 탄식

욥은 자신의 처지를 비관하고 절망했을 뿐만 아니라 이렇게 살 바에는 차라리 죽는 것이 더 낫다고 탄식하기도 했습니다. 전에는 출생을 저주하며 탄식했다면 이번에는 죽기를 탄식했습니다. 7:15을 보겠습니다.

> 이러므로 내 마음에 숨이 막히기를 원하오니 뼈보다도 죽는 것
> 이 나으니이다

숨이 막히기를 원한다는 것은 죽기를 원한다는 뜻입니다. 뼈보다 죽는 것이 낫다는 것은 지금처럼 뼈를 깎는 고통을 당하느니 차라리 숨이 끊어져 죽는 것이 더 낫다는 뜻입니다.
　7:16도 죽기를 탄식합니다.

> 내가 생명을 싫어하고 항상 살기를 원치 아니하오니 나를 놓으
> 소서 내 날은 헛것이니이다

너무 힘들어서 죽고 싶은 생각이 든다는 뜻입니다. 나를 놔 달라는 것은 죽도록 내버려 두시라는 뜻입니다. 이렇게 고통을 당하고 사느니 죽는 게 낫다는 것입니다. 결국 빨리 죽도록 내버려 두시라는 것인데, 그렇다고 진짜 죽고 싶다는 뜻이었을까요? 여러분은 그렇게 생각하십니까? 진짜 죽여 달라는 뜻으로 탄식했을까요? 욥의 기도를 살펴보면 그가 얼마나 살고 싶어 했는지 엿볼 수 있습니다. 14:13을 보시면 "나를 기억하옵소서"라고 기도합니다. 또 14절에는 "사람이 죽으면 어찌 다시 살 수 있겠느냐"라고 합니다. 욥은 죽기를 탄식했지만, 죽겠다

는 뜻이 아니라 살고 싶은 마음을 반의적으로 표현했습니다.

이 문제를 생각할 때 한 가지 알아야 할 것이 있습니다. 이런 탄식은 죄인이 할 수 있는 탄식이 아니라는 점입니다. 죄 때문에 고난 겪는 사람은 이런 탄식을 할 자격이 없습니다. 목숨이 끊어질 때까지 죗값을 치러야 하고 고통을 받아야 합니다. 이런 탄식은 죄 없는 사람이나 할 수 있는 탄식입니다. 욥처럼 믿음으로 사는 사람, 의롭게 사는 사람이나 할 수 있는 탄식입니다. 그러므로 힘들다고 탄식을 하더라도 자신이 어떤 사람인가를 잘 생각하고 탄식해야 합니다. 죄를 회개해야 하는지, 구원을 간청해야 하는지 잘 생각하고 탄식해야 합니다.

욥이 차라리 태어나지 않았다면 좋을 뻔했노라고 탄식을 했고, 이제라도 죽도록 내버려 두시라고 탄식했지만, 그것은 하나님의 뜻을 여쭈는 탄식이었습니다. 왜 이런 고난을 겪어야 하는지 그 이유를 알려 주시라는 탄식이었습니다. 욥은 하나님이 의인을 축복하시고, 악인을 심판하시는 것으로 알고 있었습니다. 달리 말해서, 세상에는 보응의 원리가 있는 것으로 알고 있었습니다. 그러나 아무 잘못이 없는데, 고난을 겪고 보니 이해가 되지 않았습니다. 보응의 원리가 없다는 생각이 들었습니다. 그래서 여쭌 것입니다. 왜 이렇게 고난을 겪어야 하는지 말씀해 주시라고 여쭌 것입니다. 이런 사실을 표현한 것이 7:11입니다.

> 그런즉 내가 내 입을 금하지 아니하고 내 마음의 아픔을 인하
> 여 말하며 내 영혼의 괴로움을 인하여 원망하리이다

여기에서 말한다는 것과 원망한다는 것은 동격입니다. 특히 '원망'으로 번역한 이 단어는 '대화하다, 여쭈다'(אשיחה/아시하)는 뜻입니다. 절망하면서 이렇게 살 바에는 죽고 싶다고 말한 것은, 왜 이런 고난을 겪어야 하는지 알려 주시라는 뜻이었습니다. 우리가 탄식한다고 해서 당장 뾰족한 해결책이 생기는 것은 아닙니다. 금방 하나님께서 왜 그러시는지 그 이유를 알려 주시는 것도 아닙니다. 그러나 자신의 처지를 말씀드림으로 그동안 쌓였던 억울함을 삭이고, 마음을 비우고, 다시 한번 살아 볼 용기를 얻을 수 있습니다. 또 그런 처지에서도 하나님께서 자신을 붙들고 계신다는 것을 알게 됩니다.

붙드시고 도우시는 하나님

욥도 죽고 싶은 처지에서도 하나님께서 자신을 붙들고 계신다는 것을 알았습니다. 비록 자신의 처지는 절망적이었지만,

그렇다고 절망만 할 수 없는 것은 하나님께서 붙들고 계시기 때문이었습니다. 이제라도 죽을 수 있다면 죽고 싶지만, 죽지 못하게 하나님께서 붙들고 계시고 인내하도록 도와주신다는 것을 알았습니다.

그래서 7:17-18을 보면 하나님께 이렇게 말씀드립니다.

사람이 무엇이관대 주께서 크게 여기사
그에게 마음을 두시고
아침마다 권징하시며 분초마다 시험하시나이까

'권징하다'는 것은 '방문이나 찾아오는 것'을 말합니다. 인생이 무엇이관대 하나님께서 아침마다 찾아오시냐는 뜻입니다. '시험하다'는 것은 '조사하거나 살펴보는 것'을 말합니다. 하나님께서 자기와 같이 절망적인 처지에 있는 인간에게도 분초마다 찾아오셔서 살펴보신다는 뜻입니다. 그만큼 고난 중에 있는 인간에게 하나님은 깊은 관심을 품고 계십니다. 애정을 갖고 찾아오시고, 살펴보시고, 위로하십니다. 우리 하나님은 이런 분이십니다. 진정한 위로자이십니다. 7:19을 보십시오. 욥은 그런 사실을 알았기에 이렇게 말씀드렸습니다.

나의 침 삼킬 동안도 나를 놓지 아니하시기를 어느 때까지 하
시리이까

침 한 모금 삼킬 동안은 짧은 시간입니다. 순간이라 할 수 있
을 만큼 매우 짧은 시간입니다. 그런 순간에도 하나님께서 놓
지 않으신다는 뜻입니다. 그러니 하나님께서 얼마나 우리에게
깊은 관심을 가지고 계십니까? 하나님은 우리의 삶에 깊은 관
심과 애정을 갖고, 지키시고, 도우시고, 축복하십니다.

　하나님을 믿으시기를 바랍니다. 비록 고난을 주기도 하시
고, 우리가 이해할 수 없는 일을 당하게 하실 때가 있지만, 하
나님께는 그런 주권이 있습니다. 또 그런 순간에도 우리에 대
한 깊은 사랑과 관심을 가지고 함께하십니다. 꼭 죽을 것만 같
은 절망적인 순간에도 우리를 놓지 않으시고 붙들고 계십니
다. 우리가 그 하나님을 의지하여 고난을 이기기를 바랍니다.
하나님께서 깨닫게 하실 때가 있고, 회복할 때가 있는 것을 믿
고 하나님을 의지하기를 바랍니다. 그렇게 할 줄 아는 것이 믿
음입니다. 그렇게 하는 것이 믿음으로 사는 것입니다. 우리가
그런 믿음으로 고난을 이기기를 바랍니다. 한순간도 놓지 않
으시고, 도우시는 것을 알고, 하나님을 의지하기를 바랍니다.

06 포악한 위로자 (1)

욥기 4:1-11

고난을 겪는 사람을 어떻게 해야 할까요? 어떻게 하는 것이 도와주는 것일까요? 찾아가서 여러 가지 의미 있는 말로 위로하면 어떨까요? 아니면 무엇이 잘못되었는지 가르쳐 주면 어떨까요? 예를 들면, 고난은 감춰진 축복이니 잘 견디라고 말한다든지, 그런 일을 당한 것은 죄 때문이니 회개하라고 말하면 어떨까요?

욥이 재앙을 당했을 때 세 친구가 찾아왔다고 했습니다. 그들은 욥을 위로하겠다고 찾아왔고, 그들이 왔을 때 욥은 지독한 종기로 온몸이 피고름으로 범벅이 되어 있었습니다. 흙먼지와 상처 딱지로 보기에 흉측한 모습으로 변해 있었습니다. 그들은 그런 욥을 보고 통곡했습니다. 그들의 풍속대로 옷을 찢고, 흙을 머리 위로 뿌리며 통곡했습니다. 하지만 너무 가슴이 아파서 아무 말도 할 수 없었습니다. 그렇게 하기를 일주일이 지났습니다. 일주일 동안 고통을 겪는 욥의 곁에서 아무 말도 하지 않고 함께 지냈습니다.

그렇게 한 것은 잘한 것이 아닐까요? 고난을 겪는 욥을 무슨 말로 위로하거나 왜 그런 고난을 겪는지 깨우치려 하지 않았습니다. 그저 함께 있어 주고, 함께 슬퍼했습니다. 그렇게 하는 것이 말로 위로하는 것보다 더 좋지 않을까요? 물론 항상 그런 것은 아닙니다. 그러나 욥과 같이 엄청난 고난을 겪는 사람에게는 무슨 말로 위로하기보다는 함께 슬퍼하고, 함께 울어 주는 것이 더 좋을 수 있습니다. 저는 욥의 친구들이 참 잘했다고 생각합니다.

친구들이 고난 중에 있는 욥을 충고하다

그렇게 하기를 일주일이 지나자 욥이 탄식을 시작했습니다. 차라리 태어나지 않았더라면 더 좋을 뻔했노라고 탄식했습니다. 왜 하나님께서 이 세상에 태어나게 하셔서 이런 고통을 겪게 하시는지 한탄스럽다고 탄식을 했습니다. 그렇다고 하나님을 원망한 것은 아니었습니다. 자신이 재앙을 당한 책임이 하나님께 있다고 하나님을 탓하지 않았습니다. 오로지 너무 힘들다고, 너무 절망스럽다고 탄식했을 뿐이었습니다.

내가 왜 이런 일을 겪어야 하는지 그 이유를 알게 해 주시라고 말씀을 드렸을 뿐이었습니다.

하지만 친구들은 욥이 그렇게 말하는 것을 용납할 수 없었습니다. 욥이 그렇게 말한 것은 하나님을 원망한 것이고, 교만이라고 생각했습니다. 욥이 죄 때문에 망한 것도 모르고 감히 하나님을 원망한다고 생각했습니다. 그래서 욥의 탄식이 끝나기가 무섭게 친구들이 돌아가면서 충고하기 시작했습니다. 욥은 그 충고에 반발했고, 그 충고와 반발이 하루아침에 끝나지 않았습니다. 여러 달 동안 계속되었고, 격렬한 설전이 오갔습니다. 친구 중 엘리바스와 빌닷은 세 번 충고했고, 소발은 두 번 했습니다. 성경의 장수로 계산하면 친구들은 모두 아홉 장 분량을 충고했습니다. 적지 않은 분량입니다. 나중에 엘리후라는 친구가 나타나는데 그는 한 번 충고했지만, 자그마치 여섯 장 분량을 충고했습니다.

욥은 친구들이 충고할 때마다 그것을 반박했습니다. 반박과 더불어 하나님을 향하여 탄식하거나 기도했습니다. 욥의 반박 분량은 모두 열아홉 장이나 됩니다. 친구들이 한마디 하면 욥은 두 마디 한 셈입니다. 그중 한 마디는 친구들에게 했고, 한 마디는 하나님께 했습니다. 그러니 친구들의 충고와 그에 대한 욥의 반박이 얼마나 격렬했겠습니까!

그렇게 하면 충고가 충고로 들릴까요? 위로한답시고 한 말이 위로가 될까요? 그런 식으로 하면 충고가 되지 않습니다. 위로가 되지 않습니다. 오히려 고통을 겪는 자에게 더 큰 상처와 아픔을 줍니다. 상처받은 자를 안아 주고, 치료해 줘야 할 사람들이 상처를 덧나게 할 수 있습니다. 그런 식의 충고나 위로는 잘못된 충고와 위로입니다. 우리도 주변에 고난을 겪는 사람을 위로하거나 충고하는 경우가 있는데, 그렇게 하지 않도록 조심해야 합니다. 충고한답시고 상처를 후벼 파거나 위로한다는 말이 비수가 되지 않도록 조심해야 합니다.

마태복음 7:6을 보시면 예수님께서 충고나 비판과 관련해서 이렇게 말씀하십니다.

거룩한 것을 개에게 주지 말며 너희 진주를 돼지 앞에 던지지 말라 저희가 그것을 발로 밟고 돌이켜 너희를 찢어 상할까 염려하라

이 말씀에서 거룩한 것과 진주는 좋은 의미의 훈계나 비판이나 충고를 말합니다. 넓은 의미에서 위로도 여기에 포함됩니다. 거룩한 것이나 진주와 같이 귀중한 말을 해 주고 싶다고 함부로 했다가는 개에게 주거나 돼지에게 주는 꼴이 될 수 있

습니다. 그렇게 되면 오히려 거룩한 것과 진주가 짓밟히고, 그것을 준 사람이 해를 당할 수 있습니다. 만일 그런 일이 발생한다면 누구 잘못일까요? 충고를 받아들이지 못한 사람의 잘못일까요, 충고한 사람의 잘못일까요? 충고한 사람의 잘못입니다.

충고나 훈계나 비판이나 위로하겠다고 함부로 말하기보다 더 좋은 것이 있습니다. 더 효과가 있고 누구나 좋아하는 것이 있습니다. 그것은 적절하게 대접하는 것입니다. 충고나 훈계나 비판이나 위로를 받아야 할 사람을 어떤 식으로든지 대접하는 것입니다. 적절히 대접한다는 것은 존중하거나 인정해 주거나 돕는 것을 말합니다.

그래서 마태복음 7:12을 보면 이렇게 말씀합니다.

그러므로 무엇이든지 남에게 대접을 받고자 하는 대로 너희도 남을 대접하라 이것이 율법이요 선지자니라

보응의 원리로 욥의 고난을 평가하다

다시 욥의 친구들에게로 돌아가겠습니다. 친구들이 욥과 설전을 벌이면서 무슨 말을 했을까요? 욥이 탄식한 말을 듣고 충고

를 시작했는데, 무어라고 했기에 욥이 그토록 격렬하게 반발했을까요? 욥의 친구들이 욥에게 한 말 중 가장 대표적인 말은 욥이 죄 때문에 재앙을 당했다고 한 말이었습니다.

본문은 욥을 찾아온 친구 중 엘리바스가 한 말입니다. 그는 충고를 시작하면서 욥이 과거에 고난을 겪는 사람을 훈계하거나 위로한 일을 상기시켰습니다. 그때 욥은 낙심한 사람들에게 용기를 주었고, 넘어진 자를 위로하며 일으켜 주었습니다. 적절하게 위로하고 용기를 주며 담대하도록 도와주었습니다. 그런데 막상 욥이 고난을 겪으니 놀라고 하나님께 맡기지 않는다고 지적했습니다.

'과거에 너도 이렇게 말하지 않았느냐? 그런데 막상 네가 재앙을 당하니 실망하고, 낙심하느냐?'라고 했습니다. 누군가를 충고할 때 이렇게 말하기가 참 쉽습니다. 그러나 이렇게 말하는 것은 고난을 겪는 사람을 위로하거나 충고하기에 적합하지 않습니다. 이성적으로 생각하게 하기보다는 감정적으로 힘들게 합니다.

4:7을 보십시오. 엘리바스의 충고입니다.

생각하여 보라 죄 없이 망한 자가 누구인가 정직한 자의 끊어짐이 어디 있는가

4:8에는 또 이렇게 말합니다.

내가 보건대 악을 밭 갈고 독을 뿌리는 자는 그대로 거두나니

그동안 욥이 악을 뿌리고, 독을 뿌려서 재앙을 거두어 들였다는 뜻입니다. 세상에는 정직한 자가 망하는 법이 없고, 누군가가 망한다면 죄 때문에 망한다는 뜻입니다. 결과적으로 욥이 왜 재앙을 당했다는 것입니까? 죄 때문에 당했다는 것입니다. 보편적으로 이 말은 맞는 말일까요, 틀린 말일까요? 맞는 말입니다. 이런 생각을 보응의 원리라고 하는데 세상에는 보응의 원리가 있습니다.

보응의 원리라는 것은 권선징악과 같습니다. 의인은 복을 받고 악인은 벌을 받는다는 것인데, 보응의 원리는 하나님께서 만드신 것이고 세상을 통치하시는 방식 중 하나입니다. 불신자들도 세상에는 보응의 원리가 있다는 것을 인정합니다. 그러기에 드라마나 영화를 보면 악한 자들이 징벌을 당하는 결말을 어렵지 않게 볼 수 있습니다. 그런 결말을 보는 시청자들은 매우 좋아합니다. 통쾌하게 여깁니다. 보응의 원리를 인정하고, 좋게 여기기 때문입니다.

우리가 하나님을 경외하는 자라면 세상에는 보응의 원리가

있다는 것을 인정해야 합니다. 따라서 욥의 친구 엘리바스가 한 말은 보편적으로 맞는 말입니다. 이 문제는 뒤에서 더 자세하게 다루겠습니다만, 우리는 하나님께서 죄인을 심판하시고 죄에 대해 징벌하신다는 사실을 믿고 살아야 합니다. 그리고 징벌을 두려워하는 마음으로 죄를 멀리해야 하고, 더 나아가 하나님의 자녀답게 살기 위해 선을 행해야 합니다.

8:4을 보면 빌닷이라는 친구는 이렇게 충고합니다.

> 네 자녀들이 주께 득죄하였으므로 주께서 그들을 그 죄에 붙이
> 셨나니

욥의 자식들이 왜 죽었다고 했습니까? 죄 때문에 죽었다고 했습니다. 여러분께서는 이 말을 어떻게 생각하십니까? 그럴 수 있을까요? 죄 때문에 자식들이 죽는 일이 있을까요? 있습니다. 그럴 수 있습니다. 엘리 대제사장의 자식들을 보십시오. 아버지가 대제사장이었고, 아들들은 제사장이었습니다. 그런데도 성전에서 봉사하는 여인들과 동침했고, 하나님께 드리는 제물을 먼저 가로채 먹기도 했습니다. 간음죄를 지었을 뿐만 아니라 하나님의 제사를 모독하는 죄를 지었습니다. 하나님께서 그들의 책임을 물으셨는데, 선지자를 보내 두 아들이 한 날

에 죽을 것이라고 하셨습니다. 그 말씀대로 아들 둘이 한 날에 죽었습니다. 그런 점에서 볼 때 빌닷이 한 말도 보편적으로 틀린 말이 아닙니다. 맞는 말입니다.

그렇다고 욥도 죄 때문에 재앙을 당했습니까? 욥이 무슨 죄를 지었을 것이라고 가정하더라도, 무슨 죄를 지었는지 확인도 안 하고 그렇게 말해도 될까요? 다시 말씀드리지만, 세상에는 보응의 원리가 있습니다. 하나님께서는 죄에 대해 징벌하시고, 악인을 심판하십니다. 대제사장 엘리의 아들들은 죄 때문에 한 날에 죽이셨습니다. 그렇다고 해서 욥은 죄 때문에 재앙을 당하지 않았습니다. 죄를 심판한 재앙이 아니었습니다.

욥의 자식들도 죄 때문에 죽은 것이 아니었습니다. 그것은 이미 욥기 1장과 2장에서 증명했습니다. 그런데 세상에는 보응의 원리만 있는 것처럼 생각하고 욥이 악을 밭 갈고, 독을 뿌려서 재앙을 당했다고 말하면 될까요? 욥의 자식들이 한 날에 죽었다고, 죄 때문에 저주를 당했다고 말하면 될까요? 그렇게 말하는 사람은 지극히 단순한 사람이고, 지혜가 없는 사람입니다. 하나님의 뜻을 잘 아는 것 같아도 실상은 잘 아는 것이 아닙니다.

포악한 위로자인 친구들

친구들이 욥에게 죄 때문에 저주를 당했다고 말한 것은 매우 잘못된 충고였습니다. 욥에게는 전혀 해당하지 않는 충고였습니다. 그런 충고는 재앙을 당한 자의 상처를 후벼 파놓는 것이고, 아픔과 분노를 일으키는 충고입니다. 설령 욥의 아들들이 죄 때문에 죽었다고 할지라도 그런 말은 누구든지 함부로 해서는 안 될 말입니다. 처지를 바꿔 생각해 보십시오. 자식이 죽어 가슴이 찢어질 것처럼 아픈데 그런 부모에게 '당신 자식은 죄가 커서 죽었다'라고 말하면 되겠습니까? 그래도 한다면 구약시대의 선지자나 할 수 있는 말입니다. 지금은 누구도 그렇게 말해선 안 됩니다. 그런 말은 제삼자 간에도 해선 안 됩니다. 만일 당사자에게 누가 그렇게 말했다는 말이 들어간다면 걷잡을 수 없는 분노를 살 것입니다.

사람들에게 물어보십시오. 거짓말, 충고, 험담, 막말 중에 어떤 말이 가장 아프고 분노가 치미는지. 어떤 말일까요? 험담과 막말이라고 합니다. 험담과 막말을 들을 때 가장 상처가 되고, 분노가 치민다고 합니다. 그러므로 사실이라 할지라도 제삼자 간에도 수군거리는 말은 절제해야 합니다. 잠언도 그렇게 가르칩니다만, 그런 자는 어리석은 사람입니다.

욥의 친구들이 욥을 찾아와서 일주일 동안 아무 말도 안 하면서 함께 슬퍼한 것은 참 잘했습니다. 그러나 욥이 차라리 태어나지 않았으면 더 좋을 뻔했다는 탄식을 했다고 득달같이 달려들어 충고한 것은 잘못했습니다. 더욱이 죄 때문에 겪는 것이 아닌데 죄 때문이라고 말한 것은 욥에게 위로자가 아니라 폭군으로 행세한 것입니다. 그렇게 하기보다는 욥의 탄식을 들어주면 안 되었을까요? 하나님도 욥의 말을 들어주셨습니다. 차라리 태어나지 않았으면 좋을 뻔했노라고 탄식한 말을 들어주셨는데 그것 좀 들어주면 안 되었을까요?

욥이 친구들의 충고를 들으면서 얼마나 가슴이 아팠던지 16:2을 보면 이렇게 말합니다.

너희는 다 번뇌케 하는 안위자로구나

안위자는 위로자라는 뜻입니다. "번뇌케 한다"(עמל/아말)는 말은 히브리말에서 '진저리가 난다, 고통을 준다, 포악하다'는 뜻입니다. 정리하면 위로한다고 찾아온 너희는 진정한 위로자가 아니라는 뜻입니다. '포악한 위로자, 진저리가 나는 위로자'라는 뜻입니다.

고난을 겪는 사람을 위로할 때 어떤 말로 위로해야 좋을지 잘 분별하도록 기도해야 합니다. 특별히 그 위로가 따뜻한 위로, 상처를 싸매 주는 위로, 용기가 되는 위로가 되도록 기도해야 합니다. 잠언 25:11을 보면 시의적절한 말이 얼마나 훌륭한지 "아로새긴 은쟁반에 금사과"라고 했습니다. 위로의 말이 그렇습니다. 충고의 말도 그렇습니다. 시의적절하게 말한다면 "아로새긴 은쟁반에 금사과"와 같이 아름답고, 훌륭한 위로가 될 것입니다. 우리가 고난을 겪는 자에게 진정한 위로자가 되기를 바랍니다. 따뜻한 위로자, 상처를 싸매 주는 위로자, 사랑의 위로자가 되기를 바랍니다.

07 포악한 위로자 (2)

욥기 8:1-7

여섯 번째 설교에서 욥을 찾아온 세 친구에 대해 살폈습니다. 그들은 욥을 위로하겠다고 찾아왔는데, 욥의 탄식을 듣고선 거친 충고자로 돌변했습니다. 일주일 동안 아무 말도 하지 않고 있었지만, 그들이 한 말을 볼 때 일주일 내내 욥이 재앙을 당한 것은 죄 때문이라고 생각했을 것입니다. 자식들이 한 날에 몰살을 당한 것도 자식들의 죄가 커서 죽었다고 생각했을 것입니다. 그래서 욥을 충고하면서 자기들의 생각을 거침없이 쏟아냈을 것입니다.

보응의 원리를 초월한 하나님의 통치

친구들의 생각이 전적으로 틀린 말은 아닙니다. 세상에는 보응의 원리가 있습니다. 하나님은 의인을 축복하시고, 악인을 심판하십니다. 의인을 축복하시고, 악인을 징벌하신다는 것을 사람들에게 알게 하셔서 악을 못 행하게 하십니다. 그리고 의롭게 살도록 가르치십니다. 이런 사실은 불신자라도 공감합니다. 그러나 세상에는 보응의 원리만 있지 않습니다. 하나님은 보응의 원리를 만드셨지만, 보응의 원리를 초월해서 존재하십니다. 그래서 세상에는 의롭게 살아도 고난을 겪는 일도 있고, 악하게 살아도 징벌을 당하지 않는 일도 있습니다.

그런 경험을 하면 사람은 하나님을 어떻게 생각할까요? 하나님은 없다고 하거나, 불의하다고 하지 않을까요? 정직하게 살 필요가 없다고 하지 않을까요? 그럴 수 있습니다. 그렇게 생각하고, 그렇게 말할 수 있습니다. 그러나 세상에는 부조리한 일이 있어도 하나님은 여전히 세상을 잘 통제하고 계십니다. 우리는 이해가 안 되지만, 세상을 하나님의 이치에 따라 다스리고 계십니다. 이 땅에 인류가 생존해 온 역사를 보십시오. 인류의 역사에는 언제나 부조리한 일이 있었습니다. 인간의 삶에는 항상 허무한 일이 있었습니다. 그러나 세상은 건재해 왔습니다. 지금도 망할 세상이라고 해도 세상은 건재하고 있습니다. 이런 사실은 하나님께서 세상을 잘 다스리고 계신다는 증거가 아닐까요? 그렇습니다. 명백한 증거입니다.

우리는 개인적으로 죄를 지었지만, 벌을 받지 않을 때가 있습니다. 조금 있는 게 아니라 많이 있습니다. 만일 하나님께서 우리 죄대로 심판하셨다면 우리는 어떻게 되었을까요? 살아남았을까요? 그렇지 않았을 것입니다. 모든 것을 보응의 원리를 따라 다스리신다면 우리는 심판을 받아도 수만 번도 더 받았을 것이고, 그 죗값으로 죽어도 진작 죽었을 것입니다. 그러나 보응의 원리로만 다스리지 않으므로 우리는 회개할 기회도 얻고, 죄를 짓고도 숨을 쉬고 삽니다. 그런 점에서 보응의 원리만 있지 않은 것은 다행입니다. 정말 다행입니다. 따라서 성도는 부조리한 경험을 할지라도 믿음으로 살아야 합니다. 하나님을 믿는 믿음으로 살아야 합니다.

하박국 선지자도 그와 똑같은 생각을 했었습니다. 그래서 하나님께 왜 세상에는 이런 일이 있는지 여쭸습니다. 하박국 2:3을 보시면 그 질문에 하나님께서 이렇게 대답하십니다.

그러나 의인은 믿음으로 말미암아 살리라

세상에는 그런 일이 있다는 것입니다. 그럴지라도 의인은 믿음으로 살아야 한다는 것입니다. 세상에는 부조리한 일이 있지만, 하나님께서 잘 통제하시기 때문에 의인은 하나님을 믿는 믿음으로 살아야 한다는 것입니다.

욥이 바로 그런 일을 겪었습니다. 죄 때문에 당한 것이 아니라 죄가 없는데 까닭 없이 당했습니다. 그런데 죄 때문에 당했다고 말하면 되겠습니까? 자식들이 죽은 것도 죄 때문에 죽었다고 하면 되겠습니까? 그렇지 않아도 힘들고 억장이 무너지는 것을 간신히 버티고 있는데, 그런 말을 들었으니 얼마나 가슴이 아팠을까요!

그래서 욥은 친구들을 향하여 "너희는 다 번뇌케 하는 안위자"라고 했습니다. 포악한 위로자, 진저리가 나는 위로자라고 했습니다. 다시 말하면, 너희는 친구가 아니라고 한 것입니다. 재앙을 당한 자에게 그렇게 말하는 것을 보면 사람이 아니라고 한 것입니다. 그만큼 상처를 심하게 받았습니다. 그런데도 설전이 그치지 않았습니다.

친구들이 욥에게 회개를 요구하다

그런 경우에는 어떻게 해야 할까요? 충고자로서 어떻게 하는 것이 믿음으로 사는 것일까요?

욥의 친구들이 욥이 죄가 커서 재앙을 당했다고 하면서 줄기차게 말한 것 중 하나는 회개하라는 말이었습니다. 회개하

면 하나님께서 용서하시고, 다시 은혜를 베푸시고, 회복시켜
주실 것이라고 했습니다.

8:5, 6은 이렇게 말합니다.

네가 만일 하나님을 부지런히 구하며 전능하신 이에게 빌고 또
청결하고 정직하면 정녕 너를 돌아보시고 네 의로운 집으로 형
통하게 하실 것이라

부지런히 구하며 빌라는 것은 진실하고, 간절하게 회개하라는
뜻입니다. 청결하고 정직하라는 것은 말로만 회개하지 말고,
이제부터라도 깨끗하게 살고, 정직하게 살라는 뜻입니다. 그
리하면 분명히 하나님께서 욥을 돌아보시고, 그 의로움을 보
시고 형통하게 하신다는 것입니다. 이 말은 맞는 말입니다. 죄
를 짓고, 죄 때문에 고난을 겪는 사람은 참회해야 합니다. 적
당히 하면 안 되고, 하나님께서 용서하실 때까지 빌어야 합니
다. 말로만 하면 안 되고, 깨끗하고 정직하게 살아야 합니다.
의롭게 살아야 합니다. 그리하면 하나님께서 그 진실성을 보
시고 용서하십니다. 그리고 그 의로움을 보시고 다시 복을 주
시고 형통하게 하십니다. 그러므로 죄를 짓고 고난을 겪는 사
람은 회개해야 합니다.

8:7은 믿는 자만 아니라 믿지 않는 자들에게도 널리 알려진 말씀입니다.

　　네 시작은 미약하였으나 네 나중은 심히 창대하리라

우리는 이 말씀을 사업장이나, 음식점에서 어렵지 않게 볼 수 있습니다. 사람들이 '번창하라'라는 뜻으로 이 성구를 선물하는 것 같습니다. 그러나 이 말씀의 의미는 다른 데 있습니다. 재앙을 당해서 몰락했을지라도 회개하고 돌이키면 새로운 출발이 됩니다. 대개 그런 경우는 아무것도 없는 가운데서 다시 시작합니다. 그런 상태를 가리켜서 시작은 미약하다고 할 수 있습니다. 하지만 시간이 가면 갈수록 점점 창대해질 수 있습니다. 나중에는 심히 창대해질 수 있습니다. 그러므로 어떻게 하라는 것일까요? 회개하라는 것입니다. 회개할 것이 없는 것처럼 고집부리지 말고, 죄를 깨닫고 회개하라는 것입니다. 이 말씀 역시 맞는 말씀입니다. 우리도 죄 때문에 고난을 겪을 때는 무엇보다도 먼저 죄를 회개해야 합니다. 말로만 아니라 삶을 거룩하게 고치며 회개해야 합니다.

억울한 의인 욥

그러나 이 말씀은 욥에게 해당하는 말씀은 아니었습니다. 욥기 1:8과 2:3을 보시면 하나님께서 욥을 "그와 같이 순전하고 정직하여 하나님을 경외하며 악에서 떠난 사람이 없다"라고 평가하셨습니다. 또 그는 "까닭 없이" 당했다고 했습니다. 이것은 하나님의 평가입니다. 따라서 욥은 죄 때문에 재앙을 당한 것이 아니었습니다. 따라서 회개할 것이 없었습니다. 그는 죄 없는 인간이라는 뜻이 아닙니다. 재앙을 당한 것과 관련하여 회개할 것이 없었다는 뜻입니다.

그런데 재앙을 당한 욥에게 죄 때문에 당했다고 말하면 되겠습니까? 자식들도 죄 때문에 죽었으니 죄를 회개하라고 하면 되겠습니까? 그런 말이 고난을 겪는 사람에게 얼마나 큰 상처가 되는지요! 마치 정직한 사람을 도둑놈으로 모함하는 것과 같습니다. 모함을 당하면 얼마나 억울하고, 얼마나 분합니까! 그와 같습니다.

그런데 충고한답시고 억울하게 하고, 분하게 하는데 욥이 가만히 있을 수 있겠습니까? 욥의 세 친구가 모두 아홉 장 분량을 충고했고, 욥은 열아홉 장 분량의 반박을 했다고 했습니다. 욥의 반박 중의 반은 친구들에게 한 말이고, 나머지 반은 하나님께 드린 탄원이고 기도였습니다. 그렇게 많이 말했다는 것은 그만큼 억울했다는 것을 의미합니다. 얼마나 억울했으면 그렇게 많은 말을 했겠습니까!

우리는 욥의 친구들과 같은 잘못을 범하지 않아야 합니다. 설령 죄 때문에 고난을 겪더라도 하나님께서 깨닫게 하실 때까지 기다려 주는 아량을 베풀어야 합니다. 허물을 덮어 주고, 사랑으로 품어 줄 수 있어야 합니다. 함부로 판단하거나 뒷담을 늘어놓지 말고, 진심으로 함께 아파하고 함께 울어야 합니다. 힘들다고 탄식을 하면 그 탄식을 들어줘야 합니다. 진정한 위로자는 그렇게 합니다. 하나님도 우리의 탄식과 억울해서 울부짖는 통곡을 들어주지 않습니까! 하나님은 진정한 위로자이십니다. 우리도 그렇게 해야 합니다. 우리는 그 하나님의 자녀입니다. 진정한 위로자의 자녀입니다.

욥의 세 친구는 설전이 오갈수록 욥의 말을 꼬투리 잡는 형식으로 발전했습니다. 읽어보면 감정적인 싸움으로 번진 인상을 줍니다. 엘리바스는 4:17에서 이렇게 말합니다.

인생이 어찌 하나님보다 의롭겠느냐 사람이 어찌 그 창조하신 이보다 성결하겠느냐

소발은 11:4에서 이렇게 말합니다.

네 말이 내 도는 정결하고 나는 주의 목전에 깨끗하다 하는구나

보십시오. 욥의 항변과 하나님께 드리는 탄원을 욥이 자신을 하나님보다 의로운 사람으로 여겼다고 말하지 않았습니까? 그들은 그만큼 욥이 교만하고, 악하다고 비난했습니다. 11:6 도 소발이 한 말인데, 하반절에서 이렇게 말합니다.

너는 알라 하나님의 벌하심이 네 죄보다 경하니라

이 말도 보편적으로 맞는 말입니다. 하나님께서 우리가 지은 죄만큼 징계하신다면 우리는 뼈도 못 추릴 것입니다. 하나님 은 우리를 징계하시지만, 우리가 지은 죄보다 훨씬 가볍게 징 계하십니다. 그러므로 이 말은 틀린 말이 아닙니다. 하지만 욥 에게 그렇게 말한 것은 욥이 지은 죄에 비하면 당한 재앙은 아 무것도 아니라는 뜻이 됩니다. 욥은 죄가 크므로 지금까지 당 한 재앙보다 훨씬 심하고, 훨씬 많은 재앙을 당했어야 한다는 뜻이 됩니다.

고난의 이유를 하나님께 구했을 뿐

욥이 탄식하면서 하나님을 비난했습니까? 하나님 때문에 당했다고 원망했습니까? 욥은 그렇게 말하지 않았습니다. 욥은 너무 힘들고, 아프다고 신음했고, 왜 이런 일을 당해야 하는지 깨닫게 해 주시라고 기도했습니다. 빌닷이 충고할 때 욥은 이렇게 말합니다. 9:2입니다.

> 내가 진실로 그 일이 그런 줄을 알거니와 인생이 어찌 하나님 앞에 의로우랴

욥도 하나님은 어떤 분이신지 아는데, 아무리 의로운 인생이라도 하나님 앞에서 절대적으로 의로울 수 없다는 뜻입니다. 정말 그렇습니다. 하나님보다 의로운 인생도 없지만, 하나님 앞에서 스스로 설 수 있을 만큼 의로운 인생도 없습니다. 아무리 마음이 착하고, 선한 일을 많이 한 사람일지라도 하나님 앞에 서면 숨겨진 죄가 적나라하게 드러날 수밖에 없습니다. 그뿐만 아니라 인간은 전적으로 타락하고, 부패해서 그 속에 선한 것이 없습니다. 선하게 보이는 행동들이 있지만, 그 이면에는 부패하고 타락한 본성이 자리 잡고 있습니다.

우리가 하나님의 보좌 앞에 모여 예배를 드리지만, 우리 역시 다를 바가 없습니다. 하나님 앞에 의롭다고 내세울만한 것이 없습니다. 그뿐만 아니라 감히 하나님의 보좌 앞에 나아가 예배할 수조차 없는 죄인입니다. 그런데도 이렇게 하나님 보좌 앞에 감히 나아갈 수 있는 것은 예수님께서 우리의 죄를 대신 담당하셨기 때문입니다. 예수님께서 죽고, 부활하심으로 성전의 휘장을 가르셨고, 하나님 보좌 앞에 나아갈 수 있도록 길을 열어 놓으셨습니다. 그 공로로 하나님 앞에 감히 나아가는 것을 뛰어넘어 담대하게 나아갈 수 있습니다. 예수님의 십자가를 의지하기 때문에 하나님 앞에 나아와 예배할 수 있습니다. 언제든지 하나님 앞에 예배할 때는 이런 사실을 생각하고 예배해야 합니다.

욥은 자기가 의롭다고 주장하지 않았습니다. 죄가 없는 사람이라고 주장하지 않았습니다. 9:15에 욥은 또 이렇게 말했습니다.

가령 내가 의로울지라도 감히 대답하지 못하고 나를 심판하실
그에게 간구하였을 뿐이며

욥은 자신이 결코 의로운 사람이 아닌데, 설령 의롭다고 해도

감히 하나님께 한 마디도 대답할 수 없는 존재라는 것입니다. 그리고 그의 탄식은 하나님께 드리는 간구였다는 것입니다. 왜 이런 재앙을 당해야 하는지 알게 해 주시라는 간구였다는 것입니다.

욥이 10:2에는 또 이렇게 말하고 있습니다.

내가 하나님께 아뢰오리니 나를 정죄하지 마옵시고
무슨 연고로 나로 더불어 쟁변하시는지 나로 알게 하옵소서

이 말씀에서 "나를 정죄하지 마시라"라는 것은 나를 죄인이라고 단죄하지 마시라는 뜻이 아닙니다. 자신이 탄식하고, 왜 이렇게 고난을 겪어야 하는지 여쭌다고 책망하지 마시라는 뜻입니다. 대신 말씀해 주시라는 뜻입니다. 감히 버러지 같은 인간이 거룩하신 하나님께 질문을 드리지만, 질문한다고 야단치지 마시고 말씀해 주시라는 것입니다. 이것이 욥이 탄식하며 구한 내용이었습니다.

그런데 욥이 자기가 하나님보다 의롭다고 주장한다고 말하면 되겠습니까? 그것은 매우 잘못된 충고입니다. 욥의 의중을 매도한 것입니다. 위로하러 왔으면 진정한 위로자가 되어야 합니다. 따뜻한 위로자가 되어야 합니다. 그렇지 않고 포악한

위로자가 되면 되겠습니까? 우리가 그렇게 어리석은 자가 되지 않기를 바랍니다. 고난을 겪는 자에게는 하나님의 대리인으로서 진정한 위로자, 따뜻한 위로자, 사랑의 위로자가 되기를 바랍니다.

훈계나 충고는 신중해야 한다

우리는 훈계나 충고를 할 일이 있으면 신중하게 해야 합니다. 훈계나 충고할 때 일주일 동안 기도한 후에 해야 합니다. 저는 그렇게 합니다. 목사로서 훈계나 충고할 일이 있으면 일주일 동안 기도합니다. 그래도 평안이 없으면 한 주 더 기도합니다. 그렇게 하기를 한 달 동안 기도한 적도 있습니다. 훈계와 충고가 유익이 되기 위해서는 그렇게 신중하고, 하나님의 은혜를 구해야 합니다.

그렇게 했는데 받아들이지 않으면 어떻게 해야 할까요? 그런 경우는 자신이 틀렸을 수 있다고 생각해야 합니다. 기도하고 신중하게 훈계하고 충고해도 틀릴 수 있습니다. 욥의 친구들은 매우 경건한 사람들이었습니다. 그런데도 잘못된 충고를 했습니다. 그들이 틀렸습니다. 그럴 수 있습니다. 우리도 그럴 수 있습니다. 그러므로 훈계나 충고를 받아들이지 않으면 우리가 틀렸을 수 있다고 생각하는 것은 겸손한 마음입니다. 그리고 충고를 중단해야 합니다. 중단하고 하나님께 맡겨야 합니다. 하나님께 직접 깨닫게 하시도록 맡겨야 합니다. 그렇게 할 줄 아는 것이 믿음입니다. 하나님의 주권을 인정해 드리는 믿음입니다. 욥의 친구들이 좋은 충고자가 되지 못한 이유는 바로 그런 점 때문이었습니다. 자신들은 절대적으로 옳다고 믿고, 반발하는 욥을 끝까지 말로 항복시키려 했기에 포악한 위로자가 되었습니다. 그 결과 하나님께 책망을 받았습니다. 욥에게 사죄할 것을 명령받았습니다.

보응의 원리는 하나님께서 세상을 다스리시는 방편 중 하나입니다. 그렇다고 세상에는 보응의 원리만 있지 않습니다. 정직하게 살았는데, 고난을 겪을 수 있습니다. 우리도 그런 일을 당할 수 있는데, 그런 경우라도 하나님께서 세상을 의롭게 통치하신다는 것을 믿기를 바랍니다. 고난을 겪는 자에게는 따뜻한 위로자가 되기를 바랍니다. 훈계와 충고를 거부하는 자는 하나님께 맡길 수 있기를 바랍니다. 그렇게 하는 것이 하나님의 통치를 받아들이는 것입니다. 믿음으로 사는 것입니다.

08 욥, 보응의 원리를 부정하다

욥기 9:17-24

저는 설교나 성경 공부를 준비할 때 본문에 충실하고, 본문이 주는 교훈을 전하려고 노력합니다. 특히 본문에 충실하더라도 성경의 전체적인 맥락 속에서 본문의 교훈을 찾으려고 노력합니다. 그런데 설교나 성경 공부를 통해서 전하고 싶은 것은 그것이 전부가 아닙니다. 본문을 잘 이해할 뿐만 아니라 성경 자체를 이해하도록 하는 것입니다. 이번에는 욥기 9:17-24을 살펴볼 것입니다. 본문의 교훈과 함께 욥기 전체를 조망할 수 있는 안목을 키우도록 할 것입니다. 그러므로 여러분께서도 본문의 내용과 교훈과 함께 욥기 전체를 조망할 수 있는 안목을 키우시기를 바랍니다.

우리는 욥이 어떤 사람이었는지를 살폈습니다. 하나님께서는 욥같이 "순전하고 정직하여 하나님을 경외하며 악에서 떠난 자가 세상에 없다"라고 하셨습니다. 욥은 의인이라고 하셨습니다. 그렇다고 해서 욥이 완벽한 인간이었다는 뜻은 아닙니다. 그도 죄인이었고, 예수 그리스도로 말미암아 죄 사함을 받아야 구원받을 수 있는 인간이었습니다.

욥은 의롭게 살았지만, 재앙을 당했습니다. 그 재앙으로 열 명의 자식이 한 날에 죽었고, 재산이 다 날아갔습니다. 그러나 하나님을 원망하지 않았습니다. 자신에게 닥친 재앙을 믿음으로 받아들였습니다. 그렇지만 너무 힘들었습니다. 너무 힘들어 차라리 태어나지 않았다면 더 좋을 뻔했노라고 탄식했습니다. 이제라도 죽게 내버려 두시면 좋겠다고 탄식했습니다. 그것은 힘들다고 아뢴 것이었고, 자신이 왜 그런 재앙을 당해야 하는지 여쭌 것이었습니다.

욥을 위로하겠다고 찾아온 친구들은 욥의 탄식을 듣고 비난했습니다. 욥이 죄 때문에 재앙을 당했지, 의로웠으면 당했겠느냐며 비난했습니다. 죄가 커서 당했고, 자식들이 한 날에 죽은 것도 죄가 커서 죽었다고 했습니다. 그런 말들이 욥의 가슴을 얼마나 아프게 했는지요! 친구들의 말은 욥을 억울하게 했고, 분노하게 했습니다. 욥은 그들에게 죄 때문에 재앙을 당한 것이 아니라고 항변했습니다. 너희는 포악한 위로자, 진저리가 나는 위로자라고 했습니다. 그리고 하나님께 기도하고, 탄원했습니다.

보응의 원리를 부정하는 욥

욥의 말이 맞습니다. 욥은 죄 때문에 재앙을 당하지 않았습니다. 까닭 없이 당했습니다. 욥기의 결론을 보면 알 수 있듯이 친구들이 잘못했습니다. 하나님께서도 친구들의 죄를 지적하셨고, 욥에게 용서를 빌게 하셨습니다. 그런데 욥은 자신의 결백을 주장하면서 결정적인 실수를 했습니다. 그것은 보응의 원리를 부정한 것이었습니다. 자신의 결백을 주장할 수 있고, 친구들의 비난에 분노할 수 있습니다. 그렇다고 해서 보응의 원리를 부정한 것은 하나님의 통치를 부정한 것이고, 하나님의 도덕성을 부정한 것입니다. 그것은 욥이 저지른 결정적인 잘못 가운데 하나였습니다.

9:17, 18은 욥 자신이 당한 재앙과 관련하여 한 말입니다.

그가 폭풍으로 나를 꺾으시고 까닭 없이 내 상처를 많게 하시며 나로 숨을 못 쉬게 하시며 괴로움으로 내게 채우시는구나

자신은 잘못이 없는데 하나님께서 재앙을 주셨다는 것입니다. 그래서 자신의 처지를 생각하면서 9:22과 같은 결론을 내렸습니다.

일이 다 일반이라 그러므로 나는 말하기를 하나님이 순전한 자
나 악한 자나 멸망시키신다 하나니

일이 다 일반이라는 것은 정직하게 사나 악하게 사나 다 똑
같다는 뜻입니다. 정직하게 살아도 하나님께서 멸망을 시키시
고, 악하게 살아도 멸망을 시키신다는 것입니다. 결과적으로
하나님께서 의롭다는 것입니까? 의롭지 않다는 것입니까? 의
롭지 않다는 것입니다. 이 세상을 제대로 통치하신다는 것입
니까? 못 하신다는 것입니까? 못 하신다는 것입니다. 하나님
은 의롭지도 않으시고, 세상을 제대로 다스리시지도 못하신
다는 것입니다. 과연 그럴까요? 하나님께서 세상을 제대로 통
제하지 못하시고, 제대로 다스리지 못하실까요? 욥은 자신이
까닭 없이 재앙을 당한 것을 보면서 그렇게 생각했습니다. 그
런 것을 볼 때 세상에는 보응의 원리가 없다고 생각했습니다.
21:17, 18을 보시면 욥이 이렇게 묻습니다.

악인의 등불이 꺼짐이나 재앙이 그들에게 임함이나 하나님이
진노하사 그들을 곤고케 하심이나 그들이 바람 앞에 검불같이
폭풍에 불려가는 겨같이 되는 일이 몇 번이나 있었느냐

악인에게 재앙을 주시고, 곤고를 주신 일이 몇 번이나 있었느냐고 묻는 것은 거의 없었다는 뜻입니다. 악인은 망하는 일도 거의 없고, 하나님께서 진노하시는 일도 거의 없다는 뜻입니다. 하나님께서 제대로 심판하지 못한다는 뜻입니다. 그럴까요? 악인은 망하는 일도 없고, 하나님의 심판을 당하는 일도 없을까요? 그렇지 않습니다. 악인이 악을 행할 때마다 치지는 않으시지만, 악인에 대한 심판이 있습니다. 분명히 있습니다. 그러나 욥은 그렇게 생각하지 않았습니다. 21:19을 보시면 보응의 원리와 관련하여 또 이렇게 말합니다.

> 하나님이 그의 죄악을 쌓아 두셨다가 그 자손에게 갚으신다 하거니와 그 몸에 갚으셔서 그로 깨닫게 하셔야 할 것이라

이 말은 악한 자들이 악을 행해도 벌을 받지 않을 때 사람들이 하는 말을 반박한 말입니다. 사람들은 악인이 벌을 받지 않고 죽으면, 하나님께서 그 자녀와 자손에게 벌을 주신다고 합니다. 부모가 벌을 안 받으면 자녀들이 대신 받는다고 합니다. 그래선 안 된다는 것입니다. 죄를 지은 본인이 벌을 받아야 하고, 그것도 죽기 전에 다 받고 죽어야 한다는 것입니다. 그런데 그렇지 않은 경우가 있습니다. 그렇지 않은 것을 볼 때 하

나님은 세상을 체대로 통치하지 못하신다는 것입니다. 이렇게 말한 것도 역시 보응의 원리를 부정한 것입니다. 저는 욥이 보응의 원리를 부정한 사례를 두 가지만 제시했습니다. 그러나 이런 사례를 욥기 곳곳에서 찾아볼 수 있습니다. 욥은 정직하게 살아도 재앙을 당한 것을 볼 때 보응의 원리는 없다고 생각했습니다.

하나님의 통치 원리로서 존재하는 보응의 원리

그렇다면 보응의 원리란 무엇일까요? 앞에서 세상에는 보응의 원리가 있다고 했습니다. 보응의 원리는 하나님께서 만드신 것이고, 보응의 원리를 통해서 세상을 통치하신다고 했습니다. 사람들도 보응의 원리가 있어야 한다고 생각합니다. 악인들이 벌을 받고, 의인들이 복을 받아야 한다고 생각합니다. 그러나 막상 본인이 죄를 짓고 악을 행하면 생각이 달라집니다. 자신이 죄를 지었어도 천벌을 받지 않기를 바랍니다. 보응의 원리를 따라 심판하지 않기를 바랍니다. 그러나 보응의 원리는 분명하게 있습니다.

보응의 원리란 무엇일까요? 보응의 원리가 무엇인지 합동신학대학원대학교에서 구약신학을 가르치는 현창학 교수는 그의 저서 『구약 지혜서 연구』에서 세 가지로 정리했습니다.

첫째, 하나님께서 우주를 창조하시면서 손수 하나님이 원하시는 도덕 질서를 심어 놓으셨다. 이것이 보응의 원리이다 – 보응의 원리는 도덕 질서이고 인간이 바르게 살면 복을 받고 악하게 살면 벌을 받게 함으로 세상의 질서를 잡는 방편이라는 것입니다.

둘째, 보응의 원리는 인간을 인간답게 살도록 하기 위해 주신 인간성 회복의 질서이다 – 보응의 원리가 있어서 인간은 죄와 악에 대해 경계심을 품고 의롭게 살도록 자극과 도전을 받는다는 것입니다. 그러므로 보응의 원리는 인간성 회복의 질서라는 것입니다.

셋째, 보응의 원리는 우주에 내재된 원리이지만 하나님께서 직접 통제하시는 원리이다 – 보응이 하나의 원리라고 해서 자동으로 돌아가거나 하나님의 통제 밖에 있는 것이 아니라는 것입니다. 보응의 원리를 이 세상이 돌아가는 이치 중 하나로 만드셨지만 그것 역시 하나님께서 직접 통제하고 계신다는 것입니다.

가룟 유다를 보십시오. 차라리 태어나지 않았으면 더 좋을 뻔했던 사람이었습니다. 그는 돈 몇 푼 얻겠다고 예수님을 팔아

넘기고, 극도로 괴로워하다가 자살했습니다. 자살이지만 그것은 심판을 당한 것입니다. 세례 요한을 죽인 헤롯을 보십시오. 왕이라고 권력을 남용하고, 선지자를 죽인 죄로 온몸이 충이 먹어 죽었다고 했습니다. 하나님의 준엄한 심판을 당한 것입니다.

이처럼 세상에는 보응의 원리가 있습니다. 따라서 우리가 하나님을 사랑하고 경외한다면 세상에는 보응의 원리가 존재한다는 것을 믿어야 합니다. 비록 욥처럼 의롭게 살아도 재앙을 당할 때가 있지만, 보응의 원리가 존재하는 것을 믿어야 합니다. 죄를 범하고 즉각 심판을 받지 않는 악인도 있지만, 보응의 원리가 있다는 것을 믿어야 합니다.

보응의 원리를 초월해 계시는 하나님

그러나 보응의 원리에 대해 말할 때 주의해야 할 점이 있습니다. 그것은 하나님께서 보응의 원리를 만드셨지만, 하나님은 보응의 원리를 초월해서 존재하신다는 사실을 인정하는 것입니다. 보응의 원리를 초월해 계시기에 세상을 다스리실 때도 보응의 원리를 따라서만 다스리지 않으십니다. 자연법칙도 하나님께서 만드셨지만, 자연법칙을 초월해서 존재하시는 것처럼 보응의 원리도 초월해서 존재하십니다.

욥의 친구들이 주장했던 것은 오로지 보응의 원리뿐이었습니다. 그들은 세상에는 철저하게 보응의 원리만 있는 것으로 주장했습니다. 그들의 주장대로 세상에는 철저하게 보응의 원리만 있다면 어떻게 될까요? 하나님께서 모든 일을 철저하게 보응의 원리를 따라 다스리시면 어떨까요? 그것은 하나님께서 보응의 원리를 초월해 존재하신다는 사실을 인정하지 않는 것입니다. 하나님도 보응의 원리를 따라 존재하신다는 뜻입니다. 그뿐만 아니라 세상에 보응의 원리만 있다면 우리는 죄를 지을 때마다 재앙을 당해야 합니다. 죄를 지을 때마다 주부가 도마 위에 생선을 올려놓고 토막 치듯이 탕탕탕 칼질을 당해야 합니다. 보응의 원리만 있다면 우리는 잠시도 숨을 쉬지 못하고 살아야 합니다. 두려움과 공포에 질려서 항상 가슴을 졸이고 살아야 합니다. 조그만 일에도 심장이 불안해하며 살아야 합니다.

그러나 하나님께서는 보응의 원리를 초월해 존재하시기에 우리가 죄를 지었을 때마다 벌하지 않으십니다. 오히려 많이 참아 주시고, 기다려 주시고, 회개할 기회를 주십니다. 비록 죄를 짓고, 죄를 지었다는 사실조차도 깨닫지 못하고 있는 동안에도 우리를 봐주시고 기다리십니다. 하나님께서 세상을 보응의 원리로만 다스리지 않으시기에 날마다 우리를 많이 봐주십니다. 그 결과 우리는 날마다 은혜를 받고, 기회를 얻고 삽니다.

그러므로 의롭게 살았는데도 재앙을 당했다고 해서 보응의 원리를 부정해선 안 됩니다. 악한 자가 악을 행했는데도 천벌을 받지 않는다고 해서 하나님의 통치를 부정하거나 의심해선 안 됩니다. 욥이 잘못을 범한 것 중 하나가 이것이었습니다. 자신이 의롭게 살았는데 재앙을 당했다고 하나님의 통치를 부정한 것이 문제였습니다. 하나님은 도덕적이지도 않으시고, 사람이 의롭게 사는 것도 의미가 없다고 말한 것이 문제였습니다.

살다 보면 까닭 없이 고난을 겪는다는 생각이 들 때가 있습니다. 그런 경우도 하나님께서 잘 통제하고 계십니다. 나는 힘들지만, 하나님께서 이 일을 다스리고 계십니다. 우리에게 이런 지식이 있어야 합니다. 믿음의 지식입니다. 거룩한 지식입니다. 이 거룩한 지식이 우리에게 풍성하기를 바랍니다.

의인에게 고난을 주시는 하나님의 섭리

그렇다면 왜 정의로우시고, 사랑이 많으신 하나님께서 의인들이 재앙을 당하는 것을 허락하실까요? 왜 하나님을 경외하며, 사랑하고, 믿음으로 사는 성도들이 시험당하는 것을 허락하실까요? 우리는 그 이유를 충분히 알 수 없습니다. 하지만 성경에 나타난 하나님의 섭리를 살펴보면 그 이유를 어느 정도 파악할 수 있습니다. 웨스트민스터 신앙고백서 제5장은 그 섭리를 잘 조사하고, 연구해서 이렇게 정리했습니다.

첫째, 하나님께서 의인이 고난당하는 것을 허락하신 이유는 전에 지은 죄를 징계하시는 것일 수 있다.

둘째, 의인이라도 부패하고 간사한 마음이 얼마나 강렬한지 깨달아 겸손하게 하기 위함일 수 있다.

셋째, 인간의 연약함과 한계를 깨닫고 하나님을 더욱 견실하게 의지하게 하기 위함일 수 있다.

넷째, 아니면 다른 의롭고 거룩한 목적을 위해서 더욱 깨어 있게 하기 위함이다.

의인이 고난을 겪는 것도 까닭 없이 당하는 것 같으나, 실상은 하나님의 뜻이 있다는 것입니다. 그러므로 의롭게 살다가 고난을 겪는다고 해서 사는 것이 의미가 없다고 말해선 안 됩니다. 너무 의롭게 살 필요도 없고, 적당히 죄를 지어도 괜찮다고 생각해선 안 됩니다. 의인의 고난은 징계일 수도 있고, 인간의 부패함과 간사함을 깨닫게 하는 은혜일 수도 있습니다. 더 기도하고 더 믿음으로 살게 하시거나, 지금은 알 수 없지만 특별한 뜻이 있어서 주실 수 있습니다.

욥은 자신이 재앙을 당한 것이 이해가 안 되었지만, 하나님을 떠나지 않았습니다. 왜 당하는지 그 이유를 알 수 없었지만, 자신을 향한 하나님의 뜻이 있다고 믿었습니다. 그래서 23:10을 보면 그 유명한 고백을 합니다.

나의 가는 길을 오직 그가 아시나니 그가 나를 단련하신 후에는 내가 정금같이 나오리라

지금은 힘들고, 슬프고, 아프지만, 자신을 향한 하나님의 뜻이 있다는 것입니다. 지금은 왜 재앙을 당해야 하는지 그 이유를 알 수 없지만, 하나님께서 자신을 단련하고 계신다는 것입니다. 그래서 이 고난의 시기가 끝나고 나면 정금 같이 나오리라고 한 것입니다.

여러분의 삶이 아프십니까? 탄식하십시오. 울어도 괜찮습니다. 울고 싶을 때는 우십시오. 여러분의 탄식과 그 울음소리를 하나님은 기도로 들으십니다. 힘들다고 고난을 겪는 삶이 의미 없다고 생각하지 마십시오. 왜 고난을 겪어야 하는지 알

수 없지만, 하나님의 통치를 부정하지 마십시오. 하나님은 고난 중에도 우리와 함께하십니다. 우리의 삶을 살피시고, 통제하시고, 단련하십니다. 우리가 그 고난을 잘 이기고 나면 정금 같이 나올 것입니다. 지금은 눈물로 밤을 지새우는 아픔을 겪는다고 해도 웃게 하실 날이 있습니다. 하나님을 신뢰하시고, 믿음으로 사시기를 바랍니다. 그리하여 고난 중에도 하나님을 영화롭게 하시고, 고난이 끝나는 날에는 더욱 하나님을 영화롭게 하시기를 바랍니다.

09 욥, 자기 의를 내세우다 (1)
욥기 31:16-23

사탄은 욥의 재산과 자식을 치면 욥이 하나님의 얼굴에 대고 욕할 줄로 알았습니다. 사탄은 그런 사람을 많이 봤을 것입니다. 하나님께서 복을 주시면 감사와 예배를 드리다가도 고난을 겪으면 하나님을 원망하고 떠나는 사람을 많이 봤을 것입니다. 사탄은 욥도 그런 사람일 것으로 단정하고, 하나님께 욥을 쳐 보시라고 했습니다. 그러나 욥은 그런 사람이 아니었습니다. 욥은 한날에 재산이 다 날아가고, 자식들이 다 죽었지만, 땅에 엎드려 하나님께 경배드렸습니다. 우리에게 복을 주신 분이 하나님이시므로 하나님께서 거두셔도 하나님을 경배하는 것이 마땅하다고 했습니다.

그러나 왜 의인이 고난을 겪어야 하는지 의문이었습니다. 하나님은 어떤 분이시기에 의롭게 살아도 이런 재앙을 주시는지 의문이었습니다. 많은 생각 끝에 그가 내린 결론 가운데 하나가 보응의 원리를 부정한 것이었습니다. 여덟 번째 설교에서 보응의 원리는 하나님께서 세상에 심어 놓으신 도덕 질서라고 했습니다. 인간으로 죄를 떠나게 하고, 의를 행하게 하는 인간성을 회복시키는 질서라고 했습니다. 또 보응의 원리는 우주 질서 가운데 내재되어 있지만, 하나님께서 직접 통치하시는 질서라고 했습니다.

따라서 보응의 원리를 부정한다는 것은 하나님의 통치를 부정한 것이고, 하나님의 도덕성을 부정한 것입니다. 욥은 의롭게 살아도 재앙을 당한 것을 볼 때 세상에는 보응의 원리가 없다며 부정했습니다. 하나님은 도덕적인 분이 아니라고 한 것입니다. 이것이 욥이 범한 결정적인 실수 중 하나였습니다. 정직하게 산 자신이 고난을 겪는다고 해서 하나님의 통치를 부정하고, 도덕성을 부정하는 잘못을 저질렀습니다.

사람은 고난을 겪으면 자신의 죄를 먼저 생각하기보다는 자신이 힘든 것을 먼저 생각합니다. 자신의 죄나 실수나 게을렀던 것을 생각하지 않고, 자신이 고난 겪는 것은 억울하다고 생각합니다. 그때 하나님을 원망하기도 하고, 하나님께서 세상을 통치하신다는 사실을 부정하기도 합니다. 그러나 우리가 하나님을 경외하고 사랑한다면 고난을 겪을 때 우리 자신을 먼저 살펴야 합니다. 죄나 실수나 게을렀던 것은 아니었는지 먼저 살펴야 합니다. 그리고 그런 일이 없다 할지라도 고난을 받아들여야 합니다. 아프고 슬프지만, 하나님께서 오늘도 변함없는 사랑과 의로움으로 통치하고 계신다는 사실을 믿고 받아들여야 합니다. 우리에게 그런 믿음이 있기를 바랍니다. 힘들고, 이해되지 않는 일을 겪을지라도 하나님께서 살아 계신 것을 믿기를 바랍니다. 나의 처지를 적절하게 통제하시고, 잘 다스리고 계신다는 것을 믿기를 바랍니다. 이 믿음으로 고난을 이기고, 아픔과 슬픔을 이기기를 바랍니다.

'자기 의'를 내세운 욥

욥이 재앙을 당했을 때 범한 결정적인 실수 중 다른 하나는 지나치게 '자기 의'를 내세운 점이었습니다. 물론 자기 의를 내세운 것은 친구들과의 논쟁 때문이었습니다. 친구들이 죄가 커서 재앙을 당했고, 자식도 죄가 커서 죽었다고 하자 이에 항변하면서 자기 의를 내세웠습니다. 그것은 자기는 죄 때문에 당한 것이 아니라고 항변하기 위한 말이었습니다. 그러나 자기 의를 지나치게 내세움으로 의인은 재앙을 당하면 안 되고, 그래도 당한다면 그것은 하나님께서 의로운 분이 아니시기 때문이라고 주장합니다.

욥기 31장은 욥의 마지막 말입니다. 이 마지막 말에서 자신의 결백과 의로움을 줄기차게 주장했습니다. 주장하면서 '언제 내가 어떤 죄를 지은 적이 있었느냐?'라는 형식으로 말했습니다. '그리하였으면 천벌을 받았을 것이다!'라는 형식으로 말했습니다. 그러나 자신은 그렇게 살지 않았고, 오히려 의롭게 살았다고 했습니다. 그렇게 말하기를 열네 번이나 했습니다. 그러니 자신의 의로움을 얼마나 강력하게 주장했습니까? 대단히 강력하게 자신의 결백과 의로움을 주장했습니다.

이처럼 자신의 결백을 주장하면서 언제 내가 어떤 죄를 지은 적이 있었느냐, 그랬으면 천벌을 받았을 것이라는 식으로 말하는 것을 '맹세 공식'이라고 합니다. 맹세 공식이란 법정에서 피고가 원고에게 답변을 요구하는 법률적인 언어였습니다. 피고가 자신의 결백을 주장하면서 원고에게 자신의 죄가 무엇인지 증명해 보이라는 요구였습니다. 자신은 벌을 받을 만큼 죄를 짓지 않았고, 오히려 의롭게 살았다는 항변이었습니다. 따라서 맹세 공식으로 한 말은 법적 구속력이 있었습니다. 피고가 맹세 공식으로 말하면 원고는 대답해야 했습니다. 욥은 시종 맹세 공식으로 자신의 결백과 의로움을 주장함으로 하나님께 대답을 요구한 셈입니다.

욥은 자신이 무슨 죄를 지었는지 증명해 보시라며 대답을 요구했습니다. 만일 자신의 죄를 증명하지 못하면 재앙을 주신 하나님이 불의하다고 했습니다. 31:19, 20에서 욥이 맹세 공식을 사용해서 이렇게 말합니다.

> 내가 언제 사람이 의복이 없이 죽게 된 것이나 빈궁한 자가 덮을 것이 없는 것을 보고도 나의 양털로 그 몸을 더웁게 입혀서 그로 나를 위하여 복을 빌게 하지 아니하였던가

자신은 가난한 자를 외면하지 않았고, 오히려 그런 사람을 보면 양털 옷을 내줘서 따뜻하게 입혀 보냈다고 했습니다.

또 31:21을 보시면 자기를 도와주는 자가 있다고 성문에서 고아를 친 적이 있느냐고 묻습니다. 성문은 공회당이었고, 재판이 열리는 곳이었습니다. 욥 자신이 재판 중에 자기 편을 들어줄 사람이 있다고 고아를 억울하게 한 적이 있었느냐고 물은 것입니다. 그러면서 31:22을 보면 이렇게 말합니다.

> 그리하였으면 내 어깨가 어깨뼈에서 떨어지고 내 팔뼈가 부러짐이 마땅하니라

만일 그렇게 비겁하고, 불법한 짓을 했다면 어깨뼈가 떨어져

나가고, 팔이 부러지는 것이 마땅하다는 것입니다. 만일 그런 짓을 했다면 자기는 하나님의 심판을 당해야 한다는 것입니다. 그러나 자기는 그렇게 비겁한 짓을 한 적도 없고, 불법한 짓을 한 적도 없다는 것입니다. 오히려 값비싼 양털을 내주고, 가난한 자를 잘 돕고 살았다는 것입니다. 결론적으로 어떻다는 것입니까? 자신은 의롭게 살았다는 것입니다.

그것은 굉장히 잘한 일입니다. 가난한 자가 굶주리고 헐벗은 것을 보면 우리는 하나님의 백성으로서 지체하지 말고 도와야 합니다. 말로만 할 것이 아니라 행동으로 도와야 합니다. 자기 편이 될 만한 권력자가 있다고 해도 그런 사람을 등에 업고 비겁한 짓을 해선 안 됩니다. 다른 사람을 억울하게 하거나 부당한 이득을 취하면 안 됩니다. 지인 중에 권력이 있는 자가 있을지라도 그런 자를 의지하지 않고, 하나님의 말씀을 의지해서 관대하게 대해야 합니다. 욥은 그렇게 살았습니다. 그것은 율법의 말씀대로 산 것이고, 율법의 정신을 따라 사랑으로 산 것입니다.

하나님께서는 고아와 과부를 우리에게 부탁하셨습니다. 가난한 자들을 외면하지 말고 항상 돕는 자가 되라고 하셨습니다. 그러므로 우리가 하나님을 경외하고 사랑한다면 어려운 사람을 돕고 살아야 합니다. 그런 사람을 돕는 것이 연례행사가 되어선 안 되고 일상이 되어야 합니다. 그러기 위해서는 가난한 자를 돕기 위해 준비하고 살아야 합니다. 항상 도울 준비를 해야 하는데, 마음만 아니라 재물도 준비해 두고 살아야 합니다. 우리가 하나님의 백성으로서 가난한 자를 사랑하고 긍휼히 여기기를 바랍니다. 그들을 돕는 것을 아까워하지 말고, 넉넉히 돕는 자가 되기를 바랍니다.

의로운 삶도 하나님의 은혜로 가능하다

그러나 그런 일을 잘했다고 해서 그런 일을 자신의 자랑으로 삼거나, 의로 삼아선 안 됩니다. 율법적으로 의롭게 살았다고 해서 그것으로 하나님 앞에서 의인이 된 것으로 생각해선 안 됩니다. 의롭게 살았으니 절대로 고난을 겪으면 안 된다고 생각한다든지, 의롭게 살았으므로 반드시 복을 받아야 한다고 생각해서도 안 됩니다. 그런 생각은 철저한 보응의 원리에 기초한 것입니다. 하나님을 보응 원리 안에 가두어 버린 것이고, 하나님의 통치를 부정한 것입니다. 더 나아가 하나님이 불의하시다고 주장한 것입니다.

욥이 잘못한 것은 바로 그런 점이었습니다. 자기는 31장에 나열한 것처럼 의롭게 살았으니 고난을 겪으면 안 된다고 말한 점이었습니다. 그런데도 말도 안 되는 고난을 겪고 있으니, 왜 자신이 그런 고난을 겪어야 하는지 하나님께 해명해 보시라고 요구한 점이었습니다. 만일 제대로 설명하지 못하신다면 하나님은 도덕적인 하나님이 아니시라고 했습니다. 불의한 하나님이시라고 했습니다.

우리가 의롭게 살았다고 해서 그렇게 말하면 될까요? 우리가 거룩하고 의롭게 살았다면 그것이 우리의 능력과 의지로 산 것일까요? 우리가 하나님의 말씀대로 살고 있다면 우리의 본성이 착하기 때문일까요? 그렇지 않습니다. 우리가 거룩하고 의롭게 살고 있다면 그것은 하나님의 은혜입니다. 하나님의 능력으로 거룩하고 의롭게 사는 것입니다. 그런데 남보다 더 의롭게 살았다고 해서 자기 의로움을 내세우면 될까요? 그것이 자기 능력이고 자기 자랑이나 되는 것처럼 자기를 의인으로 여기면 될까요? 하나님은 불의하다고 하면 될까요? 그래선 안 됩니다.

어떤 집사님이 출석하는 교회와 목사가 틀렸다며 대표기도하면서 이렇게 기도했답니다. "하나님, 제가 틀렸습니까? 제가 틀렸으면 저를 치십시오." 아무리 자기가 옳다는 확신이 있다고 한들 그렇게 기도하면 될까요? 그것은 인간이 어떤 존재인지를 모른 채 하나님 앞에서 자기 의를 드러내는 교만입니다. 악입니다.

에베소서 2:9에는 우리의 구원에 대해서 이렇게 말씀합니다.

행위에서 난 것이 아니니 이는 누구든지 자랑치 못하게 함이니라

만일 우리의 선행으로 구원을 받는다면 우리는 하나님 앞에서 잘난 척한다는 것입니다. 자기 행위로 구원을 받았으니 자기 의로움을 자랑한다는 것입니다. 그것은 인간이 죄로 타락했고 전적으로 부패한 존재라는 사실을 부정한 것입니다. 그러므로 하나님께서는 우리가 자기 의로움을 내세우는 악에 빠지지 않도록 믿음으로 구원을 받게 하셨습니다. 그런 우리가 의롭게 산들 그것을 하나님 앞에 내세우면 되겠습니까? 더욱이 우리가 율법적으로 의롭게 살았다고 해서 죄를 안 짓습니까? 착하고 의롭게 살 때가 있지만, 분명히 죄도 지을 것입니다. 죄를 짓고 살면서 착한 일을 했다고 자기를 의인으로 간주하면 될까요? 그래선 안 됩니다.

설령 우리가 죄 때문에 고난을 겪는 것이 아닐지라도, 우리는 고난이 필요한 존재입니다. 인간은 고난이 없으면 제대로 된 인간이 되지 않습니다. 신앙도 마찬가지입니다. 고난이 없으면 제대로 된 신앙을 갖지 못합니다. 그리스도인도 고난이

없으면 제대로 된 그리스도인이 되지 못합니다. 그런 이유로 하나님께서는 종종 의인에게 고난을 주십니다. 그러므로 의롭게 살았다고 해서 고난을 겪으면 안 된다고 생각하면 안 됩니다. 의롭게 살았다고 해서 자기 의를 내세우면 안 되고, 하나님이 틀렸다고 생각해서도 안 됩니다. 그동안 의롭게 살 수 있었던 것이 하나님의 은혜인 줄 알고 겸손해야 합니다. '모든 것이 하나님의 은혜입니다.'라고 고백하며 감사와 영광을 돌려야 합니다.

자기 의를 내세우기보다 용서하시는 하나님을 닮아야 한다

남보다 조금 더 의롭게 살거나 열심히 산 사람은 그것을 하나님 앞에 내세우기 쉽습니다만 거기에 그치지 않습니다. 자기를 기준 삼아서 다른 사람을 이해하지 않거나, 관대하게 대하지 않을 수 있습니다. 자기를 표준으로 삼고, 모든 사람이 자기처럼 살아야 한다고 생각할 수 있습니다. 자기처럼 열심히 살고, 자기처럼 똑똑하게 살아야 한다고 생각합니다. 만일 그렇게 살지 않으면 봐주지 않습니다. 다른 사람을 정죄하고 가혹하게 대합니다. 작은 잘못도 안 봐주고, 약한 것과 아픈 것도 봐주지 않습니다. 하나님은 자기를 얼마나 많이 봐주셨는데, 정작 자기는 다른 사람을 봐주지 않습니다. 생각해 보십시오. 하나님께서 우리를 얼마나 많이 봐주십니까? 정말 많이 봐주십니다. 그렇다면 다른 사람도 많이 봐줘야 합니다. 그렇지 않고 정죄하는 것은 악이고 죄입니다. 그런 사람 역시 욥이 범한 실수를 범할 수 있습니다. 우리가 관대하기를 바랍니다. 약하거나 일을 잘 못 하거나 아픔을 겪는 자에게 관대하기를 바랍니다.

누가복음 18장을 보시면 세리와 바리새인의 기도가 나옵니다. 그 두 사람이 성전에 기도하러 올라갔는데, 세리는 하나님 앞에 가까이 가지도 못하고 멀리서 기도했습니다. 감히 하늘을 우러러 올려 보지도 못하고 가슴을 치며 기도했습니다. '하나님, 저를 불쌍히 여겨 주십시오, 저는 죄인입니다.'

그와는 달리 바리새인은 자기 의를 내세워 기도했습니다. 자기는 토색하는 사람이나 불의와 간음하는 사람과 같지 않은 것을 감사했습니다. 이 말은 자기 의를 나열한 것입니다. 또 세리를 가리키며 저 세리와도 같지 않은 것을 감사했습니다. 그러면서 자기는 일주일에 두 번씩 금식하며 기도했고, 십일조 헌금을 드린다며 그것을 자랑이라고 하나님 앞에 늘어놓았습니다. 이 말은 세리를 정죄한 것입니다.

이 두 사람의 기도 중에 하나님께서 누구의 기도를 들으셨습니까? 세리의 기도를 들으셨습니다. 바리새인의 기도를 듣지 않으셨습니다. 그런데 자기를 의롭다고 생각하고 하나님 앞에 자기 의를 내세우는 사람의 기도를 들으실까요? 듣지 않으십니다. 바리새인의 기도는 기도가 될 수도 없습니다. 하나님께서 받지 않으십니다.

우리가 하나님 앞에서 우리의 의를 내세우지 않기를 바랍니다. 설령 정직하게 살았음에도 고난을 겪는다고 해서 하나님의 통치를 부정하거나, 하나님의 도덕성을 비난하지 않기를 바랍니다. 그보다는 지금은 힘들고 아프지만, 하나님께서 그런 자신을 돌아보고 계시는 것을 알고, 겸손하게 의지하기를 바랍니다. 그리함으로 하나님을 믿는 믿음으로 고난을 이기고, 하루하루 진실하기를 바랍니다. 그런 우리를 하나님께서 위로하시고 축복하실 것을 믿고 사시기를 바랍니다.

10

욥, 자기 의를 내세우다 (2)

욥기 31:1-15

인간은 교만하기 쉬운 존재입니다. 너무 쉽게 교만해질 수 있습니다. 남보다 조금만 더 권력이 있다 싶으면 그것으로 교만하게 굴고 무례하기 쉽습니다. 남보다 더 적은 권력을 가졌다 해도 자기보다 더 약한 자에게 교만하게 굴고 무례 하기 쉽습니다. 돈도 그렇고, 학벌도 마찬가지입니다. 돈이 많으면 많은 대로 교만해져서 무례하고, 적으면 적은 대로 자기보다 약한 자에게 교만하게 굴고 무례합니다. 남보다 많이 배워도 그것으로 교만해질 수 있고, 남보다 못 배워도 교만해질 수 있는 것이 인간입니다. 하나님을 믿는 믿음으로 사는 사람도 예외가 아닙니다. 남보다 조금 착하게 살았다고 자기는 죄가 없다고 생각하기 쉽고, 조금만 말씀대로 살면 자기를 의로운 사람으로 생각하기 쉽습니다. 인간이 그런 존재입니다. 너무나 쉽게 교만해질 수 있는 존재입니다.

욥도 예외가 아니었습니다. 의롭게 살았음에도 재앙을 당했다고 보응의 원리를 부정하는 잘못을 범했습니다. 그러면서 하나님께 자기가 왜 이런 재앙을 당해야 하는지 그 이유를 대답해 보시라고 요구했습니다. 제대로 답하지 못하신다면 하나님은 불의하다고 했습니다. 자기가 이해할 수 없는 고난을 겪는다고 해서 하나님이 안 계십니까? 하나님이 세상을 잘못 다스리고 계신 것입니까? 그렇지 않습니다. 그런데도 그렇게 생각하는 것은 교만입니다. 얕은 지식으로 하나님을 전부 아는 것처럼 말하고, 하나님의 통치를 부정하는 죄입니다.

하나님께 답을 요구한 욥

욥이 고난을 겪을 때 보응의 원리를 부정한 데 이어서 저지른 또 하나의 결정적인 잘못은 자기 의를 지나치게 내세운 점이었습니다. 자기는 죄 때문에 고난을 겪은 것이 아니며, 의롭게 살았는데도 고난을 겪는다는 것을 증명해 보이고 싶었습니다. 그래서 자신의 의로운 행동을 내세웠습니다. 그것은 욥의 마지막 말에 잘 나타나 있습니다. 그 마지막 말이 욥기 31장입니다.

욥은 자신의 결백과 의로움을 주장하면서 언제 내가 어떤 죄를 지은 적이 있었느냐는 식으로 물었습니다. 그리고 그랬으면 천벌을 받았을 것이라는 식으로 말했습니다. 이런 형식으로 말하는 것을 '맹세 공식'이라고 합니다. 맹세 공식은 법률적인 언어이며, 피고가 원고에게 자신의 잘못을 증명해 보라는 의미로 하는 말입니다. 따라서 맹세 공식으로 말했으면, 원고는 피고의 잘못을 증명해 보여야 합니다. 만일 증명하지 못하면 원고의 잘못입니다.

욥은 이런 형식으로 말하기를 열네 번이나 했습니다. 형식은 열네 번이지만 구체적으로 제시한 항목은 모두 스물세 가지나 되었습니다. 아홉 번째 설교에서도 살폈습니다. 자기는 어려서부터 고아를 잘 돌봐줘서 고아의 아버지라는 말을 들었다고 했습니다. 과부들이 꾸러 오면 빈손으로 돌려보낸 적이 없었다고 했습니다. 빈곤한 자가 헐벗은 것을 보면 양털 옷을 입혀 보냈다고 했습니다. 이런 식으로 자기 의로움을 제시하기를 스물세 가지나 했습니다.

그러니 어떻게 하라는 것일까요? 대답해 보시라는 것입니다. 자기가 왜 고난을 겪어야 하는지 이유를 대보시라는 것입니다. 증명해 보이지 못하면 자기가 고난을 겪는 것은 부당하다는 뜻입니다. 그것은 자기 잘못한 것이 아니며, 고난을 주신 분이 옳지 않은 분이라는 뜻입니다. 누구에게 그렇게 말했을까요? 친구들에게 말했습니다. 그러나 형식은 친구들에게 했지만, 궁극적으로는 하나님께 했습니다.

31:35에서 이렇게 말합니다.

누구든지 나의 변백을 들을지니라 나의 서명이 여기 있으니 전
능자가 내게 대답하시기를 원하노라

누구든지 자기 변증을 들어보고 판단해 보라고 했습니다. 내가 틀렸는지 하나님이 틀렸는지 생각해 보라고 했습니다. 그리고 이제 하나님이 자기에게 대답해야 한다고 했습니다. "전능자가 내게 대답하시기를 원하노라"라고 하지 않았습니까! 결과적으로 욥은 자기 결백과 의로움을 내세움으로 하나님이 틀렸다고 말했습니다. 정말 그런 것입니까? 내가 재앙을 당했다고 하나님이 틀렸습니까? 자기가 재앙을 당했다고 하나님이 악한 것입니까? 욥이 자기 의를 주장함으로 이런 잘못을 범했습니다.

31:9에 동일한 형식으로 이렇게 말합니다.

언제 내 마음이 여인에게 유혹되어 이웃의 문을 엿보아 기다렸
던가

자기 아내가 아닌 여자들에게 마음을 두거나 기웃거린 적이 있었느냐는 것입니다.

이어서 31:10에는 이렇게 말합니다.

그리하였으면 내 처가 타인의 매를 돌리며 타인이 더불어 동침 하는 것이 마땅하니라

매를 돌린다는 말은 맷돌질한다는 말이지만, 이 말은 다른 사람의 첩이 된다는 은유입니다. 자기가 그런 짓을 했다면 자기 아내가 다른 사람의 첩이 되어 그 사람과 동침하는 것이 마땅하다는 뜻입니다. 돈 많은 사람 중에 그렇게 사는 사람이 많지만, 적어도 자기는 그렇게 살지 않았다는 것입니다. 부부의 도리를 잘 지켰을 뿐만 아니라 율법을 따라 거룩하게 살았다는 것입니다.

그것은 당연합니다. 하나님께서 가정을 만드실 때 일부일처제로 만드셨습니다. 최초의 사람 아담을 지으셨을 때 아담에게 하와 한 사람만 아내로 주셨습니다. 하와에게도 마찬가지였습니다. 아담 한 사람만 남편으로 주셨습니다. 그러나 그 원칙은 어느 시대에나 잘 지켜지지 않았습니다. 고대만 아니라 근대에도 자기 아내 외에 다른 여자를 첩으로 두는 것은 흔

히 볼 수 있는 일이었습니다. 현대에도 그런 일이 비일비재합니다. 욥의 시대에는 더 그랬습니다. 돈 많고 세도가 있는 사람들은 첩을 둘, 셋씩 두고 살았습니다. 그러나 욥은 그렇게 살지 않았습니다. 돈이 많았고, 그 시대의 관행이 그랬지만 그래도 그렇게 살지 않았습니다. 욥이 잘한 것입니다. 그런 위치에서 그렇게 살지 않았다는 것은 더욱 칭찬받을 만한 일입니다.

의로운 삶 자체는 좋은 것이나 하나님 앞에서 내세울 수 없다

우리도 욥의 이런 모습을 본받아야 합니다. 자기 아내 외에는 다른 여자들에게 마음을 주거나 품어선 안 됩니다. 제아무리 큰 부자이고 큰 권력을 가졌다고 해도 자기 아내 외에 다른 여자를 마음에 품어선 안 됩니다. 그것은 죄입니다. 다른 여자와 간음한 것입니다. 그런 자들을 하나님께서 심판하실 것입니다. 안타깝게도 작금의 우리 사회를 보면 성적으로 너무 타락했습니다. 성폭행, 성추행, 여성에 대한 몰카가 만연해 있습니다. 그런데도 그것을 부끄럽게 여기지 않고 날로 더 기승을 부리고 있습니다. 그런 사실은 인간이 그만큼 부패하고, 타락했다는 증거입니다.

몇 년 전 제가 충격을 받은 뉴스가 있습니다. 2017년 미 국무

부의 인신매매 보고서에 따르면, 동남아시아 미성년자 성매매가 늘었다고 합니다. 그런데 그 주된 성 매수자가 한국 남성이었다고 합니다. 예전에는 골프 치러 간 40, 50대 남성들이 위주였다가, 이제는 배낭여행 간 20, 30대 청년들도 성 매수를 한다고 합니다. 이것은 국내 여러 언론에서도 보도하는 사실입니다.

우리가 이렇게 타락한 시대를 살지만, 그리스도인으로서 우리 자신과 가정을 잘 지켜야 합니다. 우리가 하나님의 성전일진데, 더러운 것을 버리고 거룩하게 살아야 합니다. 욥처럼 자기 아내 외에는 다른 여자에게 마음을 두지도 말고, 기웃거리지도 말아야 합니다. 그러나 우리가 도덕적으로 깨끗하게 살고 신앙적으로 거룩하게 살았을지라도 그렇게 살 수 있는 것이 하나님의 은혜라는 사실을 알아야 합니다. 자기가 깨끗하고 믿음을 지켰다고 해서 그것을 하나님 앞에 자기 의로 내세울 수 없다는 것을 알아야 합니다. 그것은 교만이요, 하나님의 도덕성을 부정하는 것입니다.

31:13을 보면 욥은 자기 집에서 부리는 종이라도 그들을 함부로 대하지 않았다고 했습니다. 여기에서 종이란 월급 받는 하인이 아니고 노예를 말합니다. 종은 월급도 없었고, 결혼의 자유도 없었습니다. 종이 결혼해서 아이를 낳으면 그 아이의

소유권은 주인에게 있었습니다. 종에서 해방되어 그 집을 나오더라도 자식은 두고 나와야 했습니다.

그런 종이 자기 주인과 논쟁하는 것이 가능한 일이었을까요? 있을 수 없는 일이었습니다. 그런데도 욥은 자기 종의 논쟁을 받아 주었습니다. 논쟁할 때 종이라고 그들의 사정을 멸시하지 않았습니다. 주인이라고 무례하지 않고 인격적으로 대했습니다. 그래서 31:13을 보시면 이렇게 말한 것을 볼 수 있습니다.

남종이나 여종이 나로 더불어 쟁변할 때에 내가 언제 그의 사정을 멸시하였던가

이 말은 율법적으로 의롭게 살았다는 것인데, 왜 이 말을 했을까요? 왜 율법적으로 의롭게 살았다고 주장했을까요? 자기는 죄가 없다는 것을 증명하기 위해서였습니다. 의롭다는 것을 증명하기 위해서였습니다. 욥은 '나는 이만큼 의롭게 살았다'라고 주장한 셈입니다. 그러니 내가 무엇을 잘못했는지 하나님께서 대답 좀 해 보시라는 것입니다. 만일 대답을 못 하시면 하나님께서 잘못했다는 것입니다. 인간이 의롭게 살았다고 해서 하나님께 이렇게 말해도 될까요?

돈이 많은 것은 좋은 일이지만, 돈을 자랑으로 삼고 살고, 돈 때문에 교만을 떤다면 그 돈은 재앙입니다. 학벌과 가문이 좋은 것도 좋은 일이지만, 그것을 자랑삼아 살고 교만해지면, 학벌과 가문이라는 좋은 것이 독입니다. 의도 마찬가지입니다. 하나님의 백성으로서 하나님의 말씀대로 살아야 하고, 그렇게 산 것은 잘한 일입니다. 하나님 앞에서 칭찬을 받을 일입니다. 그러나 그것을 자기 의로 내세우면 그것은 불의로 변합니다. 하나님 앞에서 교만이 되고, 죄가 됩니다.

스스로 의롭다고 여긴 욥

욥이 자기 의를 내세웠을 때 하나님께서 뭐라고 하셨는지 아십니까? 하나님께서는 욥을 어떻게 보셨는지를 살펴보기 전에 욥기 기록자의 논평을 보겠습니다. 32:1을 보시면 욥의 말이 끝났을 때, "욥이 스스로 의롭게 여기므로"라고 했습니다. 욥기 기록자가 누구인지 알려지지 않았습니다. 모세로 추정하는 분들이 많은데, 그가 욥이 31장에서 자기 의를 내세운 것에 대해 "욥이 스스로 의롭게 여기므로"라고 평가했습니다.

32:2은 욥을 찾아온 친구 가운데 제3의 인물이 나옵니다. 그는 엘리후였습니다. 엘리후가 욥의 말을 듣다가 기가 막혀서

욥에게 분노했습니다. 분노한 이유를 밝혔는데, "그가 욥에게 노를 발함은 욥이 하나님보다 자기가 의롭다 함이요"라고 했습니다. 결과적으로 욥이 31장에서 줄기차게 자기 의를 내세운 것은 자기가 하나님보다 의롭다고 말한 꼴이 되었습니다.

욥기 40:8은 하나님께서 욥에게 직접 하신 말씀입니다.

네가 내 심판을 폐하려느냐 스스로 의롭다 하려 하여 나를 불의하다 하느냐

욥기를 기록한 인물이나 욥의 말을 듣고 있던 엘리후 뿐만 아니라 하나님께서도 그렇게 여기셨습니다. 욥이 자기 의를 내세움으로 하나님보다 자기가 더 의롭다고 주장한 것으로 여기셨습니다.

그러니 우리가 하나님의 말씀대로 살았다고 해서 그것으로 자기를 의롭게 여기면 되겠습니까? 믿음으로 살고 의롭게 살던 중에 고난을 겪는다고 하나님은 도덕적으로 악한 하나님이라고 말하면 되겠습니까? 이게 인간입니다. 인간은 조금만 의롭게 살아도 자기가 의인인 줄 압니다. 하나님의 은혜인 것도 모르고 너무 쉽게 교만해집니다. 하나님도 몰라보고 사람도 몰라볼 수 있습니다. 설령 의롭게 살았다고 한들 그렇다고 우

리가 하나님이 된 것입니까? 우리가 하나님보다 더 나은 것입니까? 그렇지 않습니다.

우리가 하나님 앞에서 의롭게 살기를 바랍니다. 그러나 결코 하나님 앞에 우리의 의를 내세우지 않기를 바랍니다. 의롭게 살다가 고난을 겪더라도 하나님의 통치를 부정하거나, 불의한 하나님이라고 생각하지 않기를 바랍니다. 우리는 힘들지만, 나의 힘들고 슬픈 사정을 하나님은 잘 아십니다. 하나님은 나의 지쳐가고 힘겨운 인생을 붙들고 계십니다. 그 하나님을 믿는 믿음으로 고난과 아픔을 이겨 나가기를 바랍니다.

사람 앞에서도 교만하지 않기를 바랍니다. 학식이 많으면 그것으로 더 겸손하고, 돈이 많으면 그것으로 더 겸손하기를 바랍니다. 자기보다 약한 자들에게 무례하지 말고, 그들에게 겸손하기를 바랍니다. 그렇게 사는 것이 하나님을 경외하는 것입니다. 하나님을 사랑하는 것입니다. 우리가 그런 믿음으로 우리의 삶을 잘 살아내기를 바랍니다.

11

욥, 네가 하나님이냐? (1)

욥기 38:1–7

일반적으로 고난을 겪으면 누구를 제일 원망할까요? 부모님? 자신? 하나님? 이 중에 누구를 가장 원망할까요? 부모님이 원망스러울 때가 있고, 자기가 원망스러울 때가 있겠지만, 궁극적으로는 하나님을 원망하지 않을까요? 그럴 수 있습니다. 그래도 그리스도인인 자신이 믿고 의지한 분은 하나님이고, 나름 하나님의 말씀대로 산다며 살았습니다. 그런 자기가 고난을 겪는 것을 막아 주지 않은 하나님이 야속하고, 너무하신다고 생각할 수 있습니다. 그러면 과연 하나님께서 우리에게 야속한 분이실까요? 우리의 처지와 형편을 안 봐주실까요?

욥은 고난을 겪을 때 죽고 싶다고 탄식했습니다. '하나님, 차라리 태어나지 않게 하시지 왜 태어나게 하셨습니까? 이제라도 죽게 내버려 두시지 왜 못 죽게 하십니까?'라며 탄식했습니다. 그리고 의롭게 살아온 자신이 고난 겪는 것을 도무지 이해하지 못했습니다. 도무지 이해되지 않아서 의롭게 살아도 재앙을 당한 것을 보고 의롭게 사는 것도 의미가 없다고 했습니다. 그리고 세상에는 보응의 원리가 없다고 생각했습니다. 하나님께서 세상을 제대로 통제하지 못하시고, 제대로 다스리지 못하신다고 생각한 것입니다.

또 욥은 재앙을 당했을 때 자기 의로움을 제시했습니다. 친구들에게 항변하면서 어떻게 의롭게 살았는지 증명해 보였습니다. 결과적으로 자기 의로움을 내세워 하나님은 불의하시다고 했습니다. 욥이 고난을 겪을 때 거침없이 쏟아 낸 말들이 이런 내용이었습니다.

욥에게 주시는 하나님의 두 가지 답변과 질문들

하나님께서 이런 말을 들으셨을까요, 안 들으셨을까요? 당연히 들으셨습니다. 마태복음 12:36을 보면, "사람이 무슨 무익한 말을 하든지 심판 날에 이에 대하여 심문을 받으리라"라고 했습니다. 그런데 어찌 하나님께서 욥의 말을 안 들으셨겠습니까? 하나님은 우리의 신음도 들으시고, 탄식 소리도 들으십니다. 불평의 말과 원망의 말도 들으십니다. 우리가 어떤 말을 하든지 모든 말을 들으십니다. 그런데 어찌 욥의 말을 안 들으셨겠습니까? 욥이 한 말을 한마디도 빼놓지 않고 다 들으셨습니다.

그래서 욥의 말이 끝났을 때 드디어 하나님께서 말씀하기 시작하십니다. 물론 그 사이에 엘리후의 말이 나오지만, 엘리후의 말에 대해 더 반박할 기회를 주지 않으시고 하나님께서 직접 말씀하십니다. 말씀하실 때 질문 형식으로 말씀하십니다. "욥아, 이제부터 내가 묻는 말에 대답해 봐라. 대장부처럼 똑바로 듣고 대답해 봐라."라고 하십니다. 그렇게 질문을 퍼부으시는데 구십 가지가 넘는 질문을 하십니다. 하나님의 질문은 욥기 38장부터 41장까지 나옵니다. 이 질문들은 구성 면으로 보나 내용 면으로 보나 크게 두 부분으로 나눌 수 있습니다. 먼저 38:1–40:5을 한 부분으로, 40:6–41:34을 다른 한 부분으로 묶어 나눌 수 있습니다.

38:1은 첫째 부분의 시작 절인데 이렇게 시작합니다.

때에 여호와께서 폭풍 가운데로서 욥에게 말씀하여 가라사대

40:6은 둘째 부분의 시작 절인데 첫째 부분과 똑같은 말로 시작합니다.

여호와께서 폭풍 가운데서 욥에게 말씀하여 가라사대

첫째 질문들을 시작하실 때나, 두 번째 질문들을 시작하실 때나 똑같이 폭풍 가운데서 말씀하셨습니다.

또 38:3에서 하나님께서 욥에게 첫째 질문들을 시작하시면서 이렇게 말씀하십니다.

너는 대장부처럼 허리를 묶고 내가 네게 묻는 것을 대답할지니라

40:7에서 둘째 부분의 질문을 시작하시면서 똑같은 말씀을 하십니다.

너는 대장부처럼 허리를 묶고 내가 네게 묻는 것을 대답할지니라

이렇게 말씀하신 것은 욥기 31장에서 욥이 자신의 의를 내세울 때 맹세 공식을 사용했기 때문으로 보입니다. 욥이 맹세 공식을 사용해서 하나님께 답변을 요구했으므로 하나님께서도 욥의 요구에 대답하신 것으로 보입니다. 대답하겠으니 잘 듣고, 잘 깨달으라는 것입니다.

우리도 잘 들어야 합니다. 우리가 고난을 겪을 때 할 수 있

는 말을 그동안 욥이 대신해 줬습니다. 그러므로 우리도 잘 듣고, 잘 깨달아야 합니다. 잘 깨달아서 고난을 겪을 때 욥과 같이 삶이 의미가 없다고 말하지 않기를 바랍니다. 하나님의 통치를 부정하거나 하나님은 불의한 분이라고 말하지 않기를 바랍니다.

하나님은 여전히 세상을 통치하시고 계신다

욥기를 배우면서 욥이 저지른 결정적인 잘못 두 가지를 배웠습니다. 첫째는 보응의 원리를 부정한 것이라고 했습니다. 욥은 의롭게 산 자신이 고난을 겪는다고, 하나님은 세상을 제대로 통치하지 못하신다고 했습니다. 제대로 통치하지 못하셔서 의롭게 살아도 재앙을 당하는 일이 있다고 했습니다. 이 말은 다른 의미에서 하나님께서 지으신 세상은 무질서하고 의미가 없다는 뜻입니다. 하나님께서 세상을 만드셨지만, 제대로 통치하지 못하셔서 세상은 무질서하고, 의롭게 살아도 재앙을 당한다고 했습니다. 따라서 의롭게 사는 것도 의미가 없고, 인내하며 사는 것도 의미가 없다고 했습니다. 하나님의 질문 첫째 부분은 이 문제에 관한 대답입니다. 38:2을 보십시오. 먼저 욥을 추궁하십니다.

무지한 말로 이치를 어둡게 하는 자가 누구냐

세상의 이치를 제대로 알지 못하면서 함부로 말하는 자가 누구냐는 뜻입니다. 무식하게 떠들어 대는 자가 누구냐는 뜻입니다. 누구겠습니까? 욥입니다. 또 누구겠습니까? 우리입니다. 욥만 아니라 우리도 조금만 이해가 안 되는 일을 당하면 하나님부터 원망합니다. 하나님이 너무 하신다고 생각합니다. 믿음으로 사는 것도 소용없고, 의롭게 사는 것도 의미가 없다고 말합니다. 이런 말이 다 무지한 말입니다. 무지한 말로 이치를 어둡게 하는 것입니다.

'이치'라는 말은 히브리 말로 '에차'(עֵצָה)라고 합니다. '에차'는 '계획'이나 '설계'를 말합니다. 이 세상의 모든 것은 하나님의 계획을 따라 창조되었습니다. 그것을 하나님의 작정이라고 하는데, 하나님은 이 세상을 만드시기 전에 이 세상에 대한 계획을 미리 세우셨습니다. 따라서 미생물이나 생물이나 모든 피조물은 하나님의 '에차'에 따라 지어진 것을 믿어야 합니다. 비록 인간은 세상이 돌아가는 이치를 충분히 인지하지 못한다고 할지라도 세상에는 세상을 돌아가게 하는 이치가 있다는 것은 인정해야 합니다.

하나님께서 지으신 세상에는 버릴 것이 하나도 없습니다.

의미가 없는 것이 하나도 없습니다. 심지어 우리가 죽기만큼이나 싫어하는 고난조차도 필요 없는 고난은 없습니다. 고난이 없으면 인간이 인간다워지지 않습니다. 그리스도인도 마찬가지입니다. 고난이 없으면 그리스도인다운 그리스도인이 되지 않습니다. 우리는 반드시 고난이 필요한 존재입니다. 그 고난도 하나님께서 세상을 다스리시는 이치 가운데서 일어납니다.

그런데 재앙을 당한다고 해서 하나님께서 지으신 세상은 무질서하고, 의미가 없다고 말하면 될까요? 의롭게 살았는데, 고난을 겪는다고 해서 하나님께서 제대로 통치하지 못한다고 말하면 될까요? 그렇게 말하는 것이 무지한 말입니다. 오만한 말입니다. 우리는 다 이해할 수 없지만, 세상에는 이치가 있습니다. 하나님께서 다스리시는 이치가 있습니다. 믿으시기를 바랍니다.

38:8-11은 바닷물을 예로 들어서 하나님께서 세상을 어떻게 통제하시는지 시적으로 표현했습니다. 38:8을 보십시오.

바닷물이 태에서 나옴같이 넘쳐흐를 때에 문으로 그것을 막은
자가 누구냐

이 말씀은 바닷물을 어린아이가 태어난 것에 비유했습니다.

엄마 복중에 있던 아이가 기한이 차서 나올 때 나오는 것을 막을 수 있을까요? 엄마 배에서 10개월 보내고 세상으로 나오려고 하는데 못 나오도록 막을 수 있냐는 것입니다. 있습니까? 없습니다. 바닷물이 그렇습니다. 태에서 나오는 아기를 막을 수 없는 것처럼 바닷물이 넘쳐나는 것을 막을 수 없습니다. 그런 바닷물을 하나님께서 막으셨다는 것입니다. 문을 만들어서 바닷물이 넘치지 못하도록 막으셨다는 것입니다.

38:9에는 "구름으로 그 의복을 만들었다"라고 했습니다. 또 "흑암으로 강보를 만들었다"라고 했습니다. 38:10에는 "계한을 정하여 문과 빗장을 베풀었다"라고 했습니다. 물이 온 세상에 넘치지 못하도록 여러 방편을 사용하여 한계를 정하셨다는 뜻입니다.

그리고 38:11에 이렇게 말씀합니다.

이르기를 네가 여기까지 오고 넘어가지 못하리니 네 교만한 물결이 여기 그칠지니라 하였었노라

하나님께서 바닷물이 밀려올 수 있는 한계를 정하시고, 거기까지만 오고 거기에서 그치라고 하셨다는 것입니다. 그 결과는 바다가 온 세상을 덮을 수 없습니다.

하나님께서 이렇게 말씀하신 이유는 무엇일까요? 하나님께서 세상을 적절하게 통제하고 계신다는 뜻입니다. 도무지 통제할 수 없을 것만 같은 일도 적절하게 통제하고 계신다는 것입니다. 세상이 금방 망할 것 같아도 정하신 때까지는 망하지 못하도록 막고 계신다는 것입니다. 세상이 미쳐 돌아가도 그런 세상을 심판하시고, 정의가 시행되도록 통치하신다는 것입니다. 그러므로 믿음으로 살다가 고난을 겪는다고 해서 세상 사는 것이 다 부질없다고 말해선 안 됩니다. 의롭게 사는 것도 의미가 없고, 참고 용기를 가지고 사는 것도 의미가 없다고 말해선 안 됩니다.

하나님의 통치를 부정한 욥에게 하신 하나님의 질문들

욥만 억울한 일을 당하고 산 것이 아닙니다. 누구보다 예수님께서는 이 세상에 사시는 동안 더 억울한 일을 많이 당하셨고, 죽음까지 당하셨습니다. 그렇다고 해서 사는 것이 의미가 없었을까요? 의롭게 사는 것이 의미가 없었을까요? 그렇지 않았습니다. 억울한 일을 당할 때가 있었지만, 하나님의 통치를 믿고 사셨습니다. 그 결과 하나님의 의를 이루고, 죄인을 구원하셨습니다.

우리도 억울한 일을 당하고 삽니다. 고난이 없는 인생은 아무도 없습니다. 누구나 고난을 겪고 삽니다. 그러나 사는 것이 아무리 힘들어도 인생은 살아 볼 만한 가치가 있습니다. 하나님께서 계시기에 우리에게 주어진 삶을 살아 볼 만합니다. 하나님을 의지하고, 믿음으로 용기를 내서 살기를 바랍니다. 하나님께서 주시는 능력으로 힘을 내서 살기를 바랍니다.

바닷물을 통제하신 예를 들어 질문하신 것처럼 하나님은 여러 가지 예를 들어서 질문하시기를 38:2-39:30까지 하셨습니다. 이 질문들은 하나님의 하나님 되심을 증명하신 질문들입니다. 욥은 인생이라는 것을 깨닫게 하신 질문들입니다. 유한한 인생, 고난을 겪으면 받아들이며 살 수밖에 없는 인생이라는 사실을 깨닫게 하신 질문들입니다. 그래서 하나님의 질문을 한마디로 정리한다면, '욥, 네가 하나님이냐?'라고 물으신 것과 같습니다. 욥이 의롭게 살았다고 하나님입니까? 우리가 의롭게 산다고 하나님이라도 되는 것입니까? 그렇지 않습니다. 우리는 인간입니다. 아무리 의롭게 살아도 유한한 인간입니다.

유한한 존재임을 인정하는 욥

40:2을 보시면 1차 질문들을 마치신 하나님께서 욥에게 대

답을 요구하십니다. 변론하기 좋아하는 욥아, 이제 대답해 봐라고 하십니다. 욥이 무엇이라고 대답했을까요? 40:4, 5이 욥의 대답입니다.

나는 미천하오니 무엇이라 주께 대답하리이까 손으로 내 입을 가릴 뿐이로소이다 내가 한두 번 말하였사온즉 다시는 더 하지도 아니하겠고 대답지도 아니하겠나이다

그동안 욥은 자기가 세상의 이치와 인생을 다 아는 것처럼 말했습니다. 하나님에 대해서도 다 아는 것처럼 말했습니다. 그러나 하나님의 말씀을 듣고 보니 자기는 인간이라는 것을 깨달았습니다. 하나님이 아니라는 것을 깨달았습니다. 하나님은 하나님이시요, 자기는 한낱 인생에 지나지 않는다는 것을 깨달았습니다. 그런데 무엇이라고 대답하겠습니까? 그동안 감히 방자하게 굴며 떠들어 댔는데 무슨 말을 더하겠습니까? 하나님께서 대답하라고 하셨지만 대답할 말이 있었겠습니까? 없었습니다. 그게 인생입니다. 인생은 그렇게 유한한 존재입니다. 우리가 그런 사실을 알고 살아야 합니다. 기억하고 살고, 특히 재앙을 당할 때 기억해야 합니다. 그러나 하나님은 그런 인생을 사랑하십니다. 사랑하셔서 세상을 이기고,

역경을 이길 수 있는 능력을 주십니다. 우리가 그 사랑에 힘입어 살기를 바랍니다. 그 하나님을 사랑하고 경외하기를 바랍니다.

제 경우도 고난을 겪으면 저 자신을 한심하게 여기거나 하나님이 야속하시다고 생각할 때가 있습니다. 잠깐이지만 '하나님께서 내게 왜 이러실까?'라는 의문을 제기할 때도 있습니다. 그러나 곧 그런 생각에 이어 '내가 이런 일을 당하고 이렇게 힘들게 살아도 하나님이 나를 다스리시고 나를 도우시고 계신다.'라는 생각을 합니다. '지금은 힘이 들지만, 하나님께서 살아 계시고, 나를 사랑하신다.'라는 생각을 하면 고난을 이길 힘이 나고, 나의 삶을 감사와 기쁨으로 받아들일 수 있습니다. 그렇게 할 수 있는 것은 욥기에서 얻은 교훈입니다. 우리가 우리를 사랑하시는 하나님으로 인해 고난 중에 용기를 내기를 바랍니다. 믿음으로 일어서길 바랍니다. 그리고 우리를 사랑하는 하나님을 경외하고, 더욱 사랑하기를 바랍니다.

12

욥, 네가 하나님이냐? (2)
욥기 40:6-14

열한 번째 설교에서 하나님의 질문에 대해 살폈는데, 이번 장에서도 하나님의 질문에 대해 살펴보겠습니다. 하나님의 질문은 38:1-41:34입니다. 하나님의 질문은 두 부분으로 구성되어 있는데, 질문 형식이지만 욥의 요구에 대한 답변입니다. 첫 번째 부분은 욥이 세상에는 보응의 원리가 없다고 말한 데 대한 답변입니다. 욥은 의롭게 살아도 재앙을 당한 것을 볼 때 하나님은 세상을 제대로 통제하지 못하신다며 보응의 원리는 없다고 했습니다. 따라서 의롭게 사는 것도 의미가 없고, 고난 중에서 인내하며 사는 것도 의미가 없다고 했습니다. 하나님께서 이에 대해 답변하신 것입니다. 38:4에서 하나님께서 욥에게 이렇게 물으시십니다.

내가 땅의 기초를 놓을 때에 네가 어디 있었느냐 네가 깨달아

알았거든 말할지니라

하나님께서 세상을 만드셨을 때 욥이 어디에 있었느냐고 물으셨습니다. 욥이 어디에 있었습니까? 어디에 있었던 것이 아니라 이 세상에 존재하지 않았습니다. 엄마 배에서 태어날 준비를 하고 있지도 않았습니다. 엄마 아빠도 이 세상에 존재하지 않았습니다. 그런 욥에게 "그때 네가 어디 있었느냐?"라고 물으실 때 욥이 할 말이 있었을까요? 입이 있어도 할 말이 없었습니다. 이렇게 물으신 이유는 무엇일까요? 욥이 아무리 의롭게 살았어도 욥은 하나님이 아니라는 것입니다. 아무리 의롭게 살았다고 해도 하나님의 존재와 통치를 부정할 수 없다는 것입니다. 하나님은 하나님이시고, 욥은 인간이라는 것입니다.

욥은 당대의 그 누구보다도 의롭게 살았지만, 인간이었습니다. 그리고 욥이 아무리 부정해도 하나님은 하나님이십니다. 욥이 부정한다고 해서 하나님의 존재와 영광이 부정되지 않습니다. 그런데 자기가 하나님을 다 아는 것처럼 말하면 될까요? 하나님은 세상을 제대로 통제하지 못하신다고 말하면 될까요? 고난을 겪는다고 의롭게 사는 것도 의미가 없고, 인내하고 사는 것도 의미가 없다고 하면 될까요?

물론 세상에는 때때로 보응의 원리가 없는 것처럼 보일 때가 있습니다. 의인이 고난을 겪고, 악인이 형통할 때입니다. 그러나 세상에는 하나님께서 다스리시는 이치가 있습니다. 우리 눈에 혼란스럽게 보이고, 의미가 없어 보이는 일도 하나님께서 잘 통치하고 계십니다. 그래서 하나님께서는 "무지한 말로 이치를 어둡게 한 자가 누구냐"하고 물으셨고, 욥은 "나는 미천하오니 무엇이라 주께 대답하리이까"라고 고백했습니다. 그동안 "한두 번 말하였사온즉 다시는 더하지도 않고, 대답지도 않겠다"라고 했습니다. 알고 보니 그동안 자신이 어리석은 말을 했다는 뜻입니다. 그동안 바보같이 많은 말을 했지만, 이제 더는 말하지 않겠다는 것입니다. 하나님은 하나님이시라는 사실을 깨달은 것입니다. 의롭게 살아도 고난을 겪는 것은 이해가 안 되지만, 하나님은 하나님이시라는 사실을 깨달은 것입니다.

우리도 그래야 합니다. 세상에는 이해가 안 되는 일이 있지만, 그럼에도 하나님께서 이 세상을 잘 통치하시는 것을 믿어야 합니다. 세상에는 하나님께서 다스리시는 이치가 있다는 것을 믿어야 합니다. 믿고 의롭게 살기를 힘쓰고, 고난 중에도 인내하면서 소망을 가지고 살아야 합니다. 우리에게 이런 지식이 있기를 바랍니다. 하나님에 관한 거룩한 지식입니다. 이 거룩한 지식이 충만하기를 바랍니다.

자기 의를 내세워 하나님을 불의하다고 한 욥에게 하신
하나님의 질문들

40:6-42:6은 하나님의 질문 두 번째 부분입니다. 여기에서는 욥이 자신이 하나님보다 더 의롭다고 말한 데 대한 하나님의 대답이 나옵니다. 욥기 31장에서 욥은 "내가 언제 어떤 죄를 지은 적이 있었느냐"라고 묻고, "그렇게 했더라면 하나님께서 자신을 심판했을 것이라"라고 말했습니다. 자신은 그렇게 살지 않았다는 것인데, 그렇게 자기 의를 내세우기를 스물세 가지나 내세웠습니다. 그런데도 재앙을 당했다는 것은 하나님은 좋으신 하나님이 아니시며, 불의하시기 때문이라고 했습니다. 하나님의 질문 두 번째 부분은 이에 대한 대답입니다.

그래서 40:8에서 두 번째 질문을 시작하면서 하나님께서 이렇게 말씀합니다.

네가 내 심판을 폐하려느냐 스스로 의롭다 하여 나를 불의하다 하느냐

"네가 내 심판을 폐하려느냐?"라고 하신 것은 하나님의 의로 우심을 부정하겠느냐는 뜻입니다. 욥이 하나님은 불의하시 며, 따라서 이 세상을 심판할 수 없다고 했는데 이에 관해 물 으신 것입니다.

세상에는 악한 자들이 있습니다. 악해도 법으로 처리할 수 있는 악인이 있고, 법망을 요리조리 잘 빠져나가는 악인이 있 습니다. 법이 있어도 처벌하지 못하는 경우가 있습니다. 예를 들면, 다른 사람에게 사기를 치고도 처벌을 받지 않는 사람이 그렇습니다. 그것은 말도 안 되는 일입니다. 그런 일이 있으면 안 됩니다. 그런데 그런 사람이 있습니다. 그런 사람을 어떻게 처벌할 수 없을까요?

그런가 하면 악한 것이지만 법적으로 처벌 대상이 되지 않 는 악도 있습니다. 다른 사람을 향한 미움이라든지, 교만이라 든지, 이간질이 그렇습니다. 이런 것들은 분명히 악입니다. 그 러나 법으로 처벌할 수는 없습니다. 법으로 처벌할 수 없다면 어떻게 해야 할까요? 그런 줄 알고 살아야 할까요? 미움을 받 으며 살고, 교만하게 구는 자에게 굴욕을 당하며 살고, 이간질 을 당하며 살아야 할까요?

그렇다면 세상이 어떻게 될까요? 세상이 제대로 돌아갈까 요? 분명히 악한 자들은 법을 우습게 볼 것이고, 미움과 교만과 이간질을 잘하는 사람들은 항상 그렇게 살 것입니다. 세상은 혼란스럽고, 사는 것이 불안하고, 괴로울 것입니다. 분명한 사실은 그래선 안 된다는 것입니다. 어떤 식으로든지 그런 자들을 심판해야 합니다. 그래서 하나님께서는 욥에게 그런 자들을 심판해 보라고 하십니다. 욥이 자신은 하나님보다 의롭고, 하나님을 불의하다고 했으니 그렇다면 그런 자들을 심판해 보라는 것입니다. 40:11-13이 그런 말씀인데, 40:12, 13을 보겠습니다.

곧 모든 교만한 자를 발견하여 낮추며 악인을 그 처소에서 밟아서 그들을 함께 진토에 묻고 그 얼굴을 싸서 어둑한 곳에 둘지니라

욥이 하나님보다 의롭다고 했으니 '그렇다면 교만한 자를 심판할 수 있지 않겠느냐?'라고 하신 것입니다. 그러므로 모든 교만한 자를 찾아서 발로 밟아서 흙 속에 파묻어 보라고 했습니다. 교만한 자를 낮추고, 그들을 심판해 보라는 것입니다.

욥이 의롭다고 교만한 자를 심판할 수 있었을까요? 그렇게 할 만큼 의로웠을까요? 그렇게 할 수 있는 능력이나 있었을까요? 욥은 그런 자를 심판할 만큼 의인도 아니었고, 심판할 수

있는 능력도 없었습니다. 욥은 하나님이 아니었거든요. 의롭게 살았지만, 하나님이 아니었습니다. 그는 한낱 인간에 지나지 않았습니다.

이 말씀에 이어서 40:14에서 하나님은 이렇게까지 말씀하십니다.

그리하면 네 오른손이 너를 구원할 수 있다고 내가 인정하리라

욥이 모든 교만한 자를 찾아 낮추고, 그들을 심판한다면 욥이 완벽한 의인이라고 인정하겠다는 것입니다. 욥 자신이 자신을 구원할 수 있는 자로 인정하겠다는 것입니다.

욥이 의인이라고 자기가 자기를 구원할 수 있었을까요? 자기를 구원할 정도로 의인이었을까요? 아니었습니다. 욥이 의롭게 살았어도 죄인이었습니다. 언제라도 죄를 지을 수 있었고, 자신도 그런 사실을 인정했습니다. 그래서 자식들의 생일을 마치면 번제를 드리지 않았습니까?

욥의 죄를 심판하실 분은 하나님이십니다. 욥에게 죄 사함을 주시는 분도 하나님이십니다. 욥을 구원하시고, 의롭다고 하실 분도 하나님이십니다. 하나님은 법망을 빠져나가는 악인도 심판하십니다. 법이 심판할 수 없는 악인도 심판하십니다.

믿으시기를 바랍니다. 이런 사실을 믿는다면 우리가 도무지 이해가 안 되는 일을 당했을 때 하나님을 불의하신 하나님이라고 생각하지 않기를 바랍니다. 우리가 하나님이나 되는 것처럼 말하지 않기를 바랍니다. 아무리 억울한 일을 당했을 때도 하나님을 의로운 하나님으로 인정하기를 바랍니다.

하마와 악어를 통해 하나님이 악을 다스리심을 나타내심

두 번째 질문들을 보면, 하나님께서 의로우심을 증명하기 위해서 두 짐승의 이미지를 사용하십니다. 하나는 하마이고, 다른 하나는 악어입니다. 성경이 하마와 악어로 번역했지만, 이것들은 도무지 통제할 수 없는 악을 설명하기 위한 이미지입니다. 여기서는 하마에 대한 비유만 살펴보겠습니다.

40:15-24에서 하마가 얼마나 강력한 힘을 가졌는지 시적으로 묘사하고 있습니다. 비교적 자세하게 묘사하면서 40:15에서 "내가 너를 지은 것 같이 그것도 지었느니라"라고 하십니다. 또 40:19에서는 "그것은 하나님의 창조물 중에 으뜸"이라고 하십니다.

그리고 40:24에는 이렇게 말씀합니다.

그것이 정신 차리고 있을 때에 누가 능히 잡을 수 있겠으며 갈
고리로 그 코를 꿸 수 있겠느냐

하마는 하나님께서 지으셨고, 하나님께서 지으신 것 중에서
으뜸이라고 했습니다. 하마는 강력한 힘을 가지고 있어서 정
신을 차리고 있을 때는 결코 통제할 수 없다고 했습니다. 이것
은 하마의 강력한 이미지를 말씀한 것입니다. 무슨 뜻으로 하
마의 강력한 이미지를 사용했을까요? 악이 그렇다는 뜻입니
다. 악은 하마처럼 다루기가 힘듭니다. 도무지 통제할 수 없습
니다.

난폭한 자가 그렇습니다. 교만이 하늘을 찌르는 자도 그렇
습니다. 질투와 분노와 원한에 사무친 사람도 그렇습니다. 욕
심에 사로잡힌 자도 그렇습니다. 그런 악은 도무지 통제가 안
됩니다. 가족 중에 그런 사람이 한 명 있으면 가정은 지옥 같
을 것입니다. 교회에 그런 자가 있으면 교회가 도무지 교회처
럼 보이지 않을 것입니다. 이처럼 사람이 통제할 수 없는 악인
들이 있습니다.

그런 자들을 누가 통제하겠습니까? 누가 온화하게 만들고,
누가 겸손하게 만들겠습니까? 누가 질투와 분노와 원한을 버
리게 하고, 사랑의 사람으로 변화시키겠습니까? 인간 중에 그

렇게 할 수 있는 사람이 있을까요? 없습니다. 그러나 하나님이 하십니다. 하나님이 사람의 마음을 다스리십니다. 사람이할 수 없는 것을 하나님은 하십니다. 모든 교만한 자를 낮추시고, 악한 자들을 심판하십니다. 그래도 하나님이 불의하십니까?

세상에 악이 횡행하고 죄로 혼란스러울 때가 있지만, 하나님은 그런 세상을 잘 다스리시고 의를 세우십니다. 믿으시기를 바랍니다. 하나님은 의로운 하나님이시요 이 세상을 심판하시고, 통치하시는 하나님이신 것을 믿으시기를 바랍니다.

하마의 이미지에 이어서 41장에서는 악을 악어의 강력한 이미지로 말씀합니다. 이것도 악의 강력한 힘을 악어의 이미지에 비유한 것입니다. 이 말씀을 마쳤을 때 욥의 고백과 회개가나옵니다. 그동안 하나님의 통치와 의로우심을 부정했던 욥이42:2, 3 상반절에서 이렇게 고백합니다.

주께서는 무소불능하시오며 무슨 경영이든지 못 이루실 것이
없는 줄 아오니 무지한 말로 이치를 가리우는 자가 누구니이까

무소불능하시다는 것은 못 이루실 일이 없다는 뜻입니다. 전지전능하시다는 뜻입니다. 무슨 경영이든지 못 이루실 것이

없다는 것은 무소불능이라는 말의 반복입니다. 하나님은 그런 하나님이신 것을 깨달았습니다.

실존하시는 하나님을 만나 어리석음을 깨달은 욥

그동안 욥은 자기 입으로 하나님은 의롭지 않으시고, 전지전능하지 않다고 했습니다. 그래서 자기같이 의롭게 산 사람이 재앙을 당하고, 악인이 심판을 당하지 않는 일이 일어난다고 했습니다. 그러나 하나님의 대답을 듣고 자신이 얼마나 무식했는지 알았습니다. 얼마나 무지한 말을 했는지 알았습니다. 세상에는 하나님께서 다스리시는 이치가 있다는 것을 알았습니다. 그래서 "무지한 말로 이치를 가리우는 자가 누구니이까"(42:2)라고 반문했습니다. 하나님께서 "무지한 말로 이치를 어둡게 한 자가 누구냐"(38:2)고 물으셨는데, 자신이 그렇게 무식했고, 자신이 하나님의 이치를 몰라봤노라고 고백한 것입니다.

이어서 42:5에 욥이 그 유명한 고백을 합니다.

내가 주께 대하여 귀로 듣기만 하였삽더니 이제는 눈으로 주를 뵈옵나이다 귀로 듣는 것과 눈으로 보는 것 중의 어느 것이 더 정확합니까? 눈으로 보는 것입니다. 전에는 하나님에 대하여 말씀으로 듣고 배웠는데, 이제는 실존하시는 하나님을 만났다는 것입니다.

살아 계신 하나님께서 재앙을 당한 욥을 찾아오셔서 만나 주셨습니다. 욥은 도무지 하나님이 이해가 안 되었고, 하나님의 통치를 부정하고 불의하다고 했지만, 하나님은 그런 욥을 버리지 않으시고 찾아오셨습니다. 찾아오셔서 자상하게 욥을 가르치셨습니다. 욥은 그 만남을 통해서 하나님에 대한 오해가 풀렸고, 뼈에 사무친 억울함도 풀렸습니다.

그 하나님께서 우리에게도 찾아오시는 것을 믿으시기를 바랍니다. 찾아오셔서 우리의 믿음 없는 것을 불쌍히 여기시고, 우리의 억울함도 풀어 주시는 것을 믿으시기를 바랍니다. 슬프고 아픈 마음을 위로하시고, 낙심되고 지쳐가는 삶을 축복하시는 것을 믿으시기를 바랍니다. 그리하여 욥처럼 '(그동안) 내가 주께 대하여 귀로 듣기만 하였는데 이제는 눈으로 주를 봅니다.'라고 고백하는 은혜가 있기를 바랍니다.

13

하나님, 욥의 억울함을 풀어 주시다

욥기 42:10-17

우리는 욥기의 마지막에 이르렀습니다. 욥은 의롭게 살았지만, 까닭 없이 재앙을 당했습니다. 그는 재앙을 당했을 때 하나님이 복을 주셔서 복을 받았으니, 재앙도 주시면 받아야 한다며 받아들였습니다. 그렇다고 힘이 들지 않았던 것은 아닙니다. 너무 힘들어서 죽고 싶다고 탄식했습니다. 의문이 없었던 것도 아니었습니다. 왜 의인이 고난을 겪어야 하는지 의문이었고, 왜 하나님은 의인에게 고난을 주시는지 의문이었습니다.

그러나 하나님을 대면한 후에 모든 의문이 풀렸습니다. 하나님의 대답을 듣고 우리가 재앙을 당할 때도 하나님은 세상을 의롭게 통치하신다는 것을 알았습니다. 의미가 없는 고난도 없고, 의미가 없는 인생도 없다는 것을 알았습니다. 인생은 아무리 구차할 때도 살아 볼 만한 가치가 있다는 것을 알았습

니다. 또 하나님은 하나님이시고, 자신은 인생이라는 것을 알
았습니다. 인간은 아무리 의롭게 살아도 인간이고, 하나님만
진정으로 의롭다는 것을 알았습니다. 그래서 인간은 의롭게
살아도 고난을 겪을 수 있다는 것을 알았습니다.

욥의 회개

그렇다면 무엇을 해야 할까요? 그동안 하나님의 통치를 부
정했고, 하나님은 불의하시다고 했습니다. 이 모든 오해가 풀
렸으니 이제 무엇을 해야 할까요? 회개해야 합니다. 하나님을
부정하고 불의하다고 한 불경의 죄를 회개해야 합니다. 그래
서 하나님의 대답이 끝났을 때 욥이 회개하기 시작했습니다.
42:6은 욥의 회개입니다.

그러므로 내가 스스로 한하고 티끌과 재 가운데서 회개하나이다

'스스로 한한다'라는 것은 자신을 '악한 자로 인정한다, 경멸한
다, 버린다'라는 뜻입니다. 티끌과 재 가운데서 회개하는 것은
구약 성도들의 회개 풍속이었습니다. 하나님을 비난했던 자신
을 악한 자로 여기고, 그들의 풍속을 따라 티끌과 재 가운데서

회개한 것입니다.

우리는 죄를 지었을 때 용서를 먼저 생각합니다만, 용서를 구하기 전에 회개가 선행되어야 합니다. 자신이 무슨 죄를 지었는지, 그 죄로 하나님과 상대방에게 얼마나 큰 상처와 아픔을 주었는지 알아야 합니다. 알고 자신이 지은 죄를 시인하고, 고백해야 합니다. 빌어야 합니다. 용서는 그다음 일입니다. 용서는 용서하는 사람이 결정할 일입니다. 회개의 진정성이 보이고, 용서할 결단이 섰을 때 용서를 선언하는 것입니다. 그러므로 죄를 짓고, 상처를 주고, 아픔을 준 사람은 먼저 자신의 죄를 인정하고, 자신이 얼마나 악한 짓을 했는지 시인해야 합니다. 욥은 그렇게 했습니다. 자신이 지은 죄를 시인하고, 스스로 한탄하고 회개했습니다.

하나님이 욥의 억울함을 풀어 주시다

이제 남은 것은 무엇일까요? 물론 하나님의 용서가 남아 있습니다. 하지만 그것은 하나님께서 하실 일입니다. 용서해 달라고 요청하는 것도 욥이 할 일이 아닙니다. 죄를 시인하고 고백했으면 처분을 기다려야 합니다. 실제로 아직 하나님께서는 욥을 용서하시겠다고 하지 않으셨습니다. 이 문제는 뒤에서 다룰 것입니다. 용서 말고 욥에게 남은 것이 무엇일까요? 그것은 욥이 친구들에게 당한 억울함을 풀어 주는 것이었습니다.

친구들은 욥을 위로하기보다는 정죄하기에 바빴습니다. 하루아침에 모든 재산이 날아갔는데, 열 명의 자식들이 한 날에 죽었는데, 죄 때문에 당했다고 했습니다. 자식들이 죽은 것도 죄가 커서 죽었다고 했습니다. 그런 말로 욥의 가슴에 대못을 박았습니다. 욥은 가슴이 너무너무 아팠습니다. 그래서 욥은 친구들을 향해 너희는 난폭한 위로자라고 했습니다. 위로자도 아니고, 친구도 아니라고 했습니다. 욥이 얼마나 가슴이 아프고, 얼마나 억울했으면 그렇게 말했을까요? 그 억울함을 풀어 주어야 합니다.

누가 풀어 주어야 할까요? 친구들이 풀어 줄까요? 욥기를 보면 하나님께서 풀어 주시는 것을 볼 수 있습니다. 42:7에서 하나님께서는 욥의 세 친구에게 진노하십니다. 진노하시면서 "너희가 나를 가리켜 말한 것이 내 종 욥의 말 같이 정당하지 못함이니라"라고 하셨습니다. 욥과 그의 친구들 앞에서 욥의 말이 옳았고, 너희가 틀렸다고 판정해 주신 것입니다.

하나님께서 이렇게 말씀하실 때 친구들에게 당한 억울함이 조금 풀리지 않았을까요? 하나님께서 '너희가 틀렸고, 욥이 옳았다'라고 하십니다. 그 말은 욥의 친구들을 정죄하고, 욥의 의로움을 선언한 말입니다. 통상적으로 이런 말을 듣게 되면 그동안 가슴속에 쌓였던 울분이 쏟아집니다. 참고 있었던 눈물이 왈칵 쏟아집니다. 욥도 그러지 않았을까요? 분명히 욥의 억울함이 상당 부분 풀렸을 것입니다. 하나님께서 욥의 억울함을 풀어 주시고, 상한 심령을 치유해 주신 것입니다.

42:8에서 하나님께서 욥의 친구들에게 수송아지 일곱 마리와 수양 일곱 마리를 욥에게 가져가라고 하십니다. 욥이 그들을 위하여 제사하면 그들을 용서하시겠다고 하십니다. 이렇게 말씀하신 것은 하나님과 욥에게 회개하라는 뜻입니다. 그러면서 이런 말씀을 하십니다.

내 종 욥이 너희를 위하여 기도할 것인즉 내가 그를 기쁘게 받으리니 너희의 우매한 대로 너희에게 갚지 아니하리라

만일 욥에게 제물을 가져가지 않고, 욥을 통해서 제사하지 않는다면 하나님께서 용서하지 않으시겠다는 뜻입니다. 용서하지 않으실 뿐만 아니라 그동안의 지은 죄를 따라 처벌하시겠다는 뜻입니다. 그렇게 하시면 욥의 친구들이 회개하지 않고 버틸 수 있을까요? 욥의 친구들은 하나님의 말씀을 거역할 수 없었습니다. 하나님의 말씀대로 제물을 욥에게 가져갔습니

다. 욥은 그것들로 하나님께 제사했습니다. 그렇게 함으로 욥의 친구들은 자기들의 잘못을 시인했고, 잘못을 빌었습니다.

이런 경우에 욥은 억울하지만 용서해야 합니다. 그동안 가슴에 맺힌 아픔이 다 풀리지 않았을지라도 용서해야 합니다. 그래야 하나님께서도 욥을 기뻐하시고, 욥의 마음도 풀립니다. 만일 용서하기를 거부한다면 마음의 억울함도 풀리지 않을 것이고, 여전히 분노 속에 고통을 당할 것입니다. 또 하나님께서도 기뻐하지 않으실 것입니다.

우리가 누군가를 용서해야 한다면 기꺼이 용서하기를 바랍니다. 용서는 비는 사람만 위해서 하는 것이 아닙니다. 용서해야 할 사람 자신을 위해서도 해야 합니다. 용서할 때 하나님의 평강을 누릴 수 있고, 하나님의 기쁨에 동참할 수 있습니다. 우리에게 죄를 지은 사람이 죄를 깨닫고 용서를 빌 때 용서하기를 바랍니다. 예수님의 마음으로 용서하기를 바랍니다. 그리하여 하나님께서 그리스도 안에서 주시는 평안을 누리시기를 바랍니다.

욥의 친구들은 그렇게 용서를 받았습니다. 욥도 억울한 마음이 많이 풀렸습니다. 그러면 욥의 죄는 어떻게 되었을까요? 욥이 자신의 죄를 시인했고 회개하기는 했지만, 아직 용서받았다는 언급이 없습니다. 그런데 욥이 친구들의 죄를 용서했을 때, 42:9 하반절을 보면 하나님께서 이렇게 말씀하십니다.

여호와께서 욥을 기쁘게 받으셨더라

욥이 자신이 지은 죄를 회개하고, 친구들의 죄를 위해서 번제를 드렸을 때 하나님께서 기쁘게 받으셨다는 것입니다. 그 제사만 기쁘게 받으셨을까요? 욥의 회개는 기쁘게 받지 않으셨을까요? 기쁘게 받으셨을 것입니다. 욥은 그렇게 용서를 받았습니다. 그렇게 용서의 기쁨과 축복을 누린 것입니다.

마태복음 6:14, 15에서 예수님께서 기도를 가르쳐 주시면서 이렇게 말씀하십니다.

너희가 사람의 과실을 용서하면 너희 천부께서도 너희 과실을 용서하시려니와 너희가 사람의 과실을 용서하지 아니하면 너희 아버지께서도 너희 과실을 용서하지 아니하시리라

우리가 하나님의 자녀라면 우리에게 죄를 지은 자들이 회개할 때 용서해야 한다는 것입니다. 죄를 용서받기를 원한다면 우리도 다른 사람을 용서해야 한다는 것입니다. 우리가 용서하기에는 너무 억울하고, 너무 가슴이 아플 때가 있지만 그럴지

라도 용서하기를 바랍니다. 용서할 때 억울함도 풀리고, 평안과 기쁨을 얻을 수 있습니다. 하나님께서 욥을 기쁘게 받으셨던 것처럼 우리도 기쁘게 받으십니다. 우리도 용서하기를 바랍니다.

다시 복을 주시다

욥은 재앙을 당하기 전에는 "동방 사람 중에 가장 큰 자라"(1:3)라는 말을 들었습니다. 목축 사회를 대표하는 재산은 가축이었는데, 욥은 엄청나게 많은 가축을 소유했습니다. 그 많던 가축을 재앙을 당했을 때 다 잃었습니다. 그런데 욥기는 결론부에서 욥의 재산에 대해 다시 언급합니다. 42:10에 이렇게 말씀합니다.

욥이 그 벗들을 위하여 빌매 여호와께서 욥의 곤경을 돌이키시고 욥에게 그전 소유보다 갑절이나 주신지라

욥이 친구들을 용서하고 축복했을 때, 욥의 곤경을 돌이키셨다는 것입니다. 돌이키시고 다시 재산의 복을 주기 시작하셨는데, 나중에 보니 그전보다 갑절이나 더 많았다는 것입니다.

42:12에는 그 갑절을 구체적으로 숫자를 명시하고 있습니다. 이런 사실은 하나님께서 갑절이나 더 주셨다는 사실을 증명합니다.

왜 이런 말씀을 성경에 기록했을까요? 누구를 위해 기록했을까요? 이런 말씀을 기록한 것은 우리를 위해서입니다. 우리에게 배우라고 기록했습니다. 우리에게 고난 중에도 자신의 삶을 비관하지도 말고, 포기하지 않는 법을 배우라는 것입니다. 고난 중에도 하나님을 경외하고 의지하는 법을 배우라는 것입니다. 그리고 용서해야 할 때 거절하지 말고 용서하는 것을 배우라는 것입니다. 하나님께서 그 종들을 다시 축복하신다는 것을 알라는 것입니다. 우리가 배우기를 바랍니다. 하나님께서 이 말씀을 왜 기록하게 하셨는지를 묵상하고, 배우기를 바랍니다.

떠났던 자들이 돌아오다

잠언을 보면 가난하면 형제도 싫어한다고 했습니다.(잠언 19:7) 정말 그러면 안 되는데, 실제로 그런 일이 많이 있습니다. 가난하면 형제도 멀어지고, 찾아오는 것도 싫어하는 일이 있습니다. 욥도 재앙을 당했을 때 형제와 자매들이 다 떠났습니다. 가깝게 알고 지내던 지인들도 떠났습니다. 누구보다도 가까이에서 위로하고, 도와야 할 사람들이 외면한 것입니다. 이런 일은 큰 아픔이 됩니다. 배신감에 사무칠 수 있고, 분노로 잠을 이루지 못할 수도 있습니다.

42:11에는 이런 사실을 전제하면서 그들이 욥에게 돌아와 함께 음식을 나누어 먹었다고 하면서 이렇게 말씀하고 있습니다.

> 여호와께서 그에게 내리신 모든 재앙에 대하여 그를 위하여 슬퍼하며 위로하고 각각 금 한 조각과 금고리 하나씩 주었더라

형제자매들과 지인들이 돌아와서 욥이 재앙을 당한 것을 슬퍼하며 위로했다는 것입니다. 금고리는 반지나 귀걸이를 말합니다. 금 한 조각은 금덩어리를 말하는데, 얼마나 큰 것인지는 히브리어 사전을 찾아봐도 알 수가 없습니다. 그러나 반지나 금덩어리를 취급하는 관습을 볼 때 적어도 두세 돈 이상은 되었을 것입니다.

그러면 그때 금고리와 금 조각을 준 사람이 몇 명이나 되었을까요? 결혼식 때 하객이 얼마나 되는가를 예측해 보면 어느 정도 예상이 가능합니다. 어떤 분은 이백 명, 어떤 분은 오백 명, 어떤 분은 일천 명도 됩니다. 욥기 내용을 보면 욥의 도움

을 받은 사람이 많았는데 상당히 많은 사람이 도왔으리라 생각합니다. 자녀를 결혼시킨 분들 말을 들어보면 축의금이 2, 3천만 원에서, 많게는 1억 원이 된다고 합니다. 욥의 도움을 받은 사람이 그 이상은 되지 않았을까요? 저의 상상으로는 그렇습니다.

그 돈은 욥에게 큰 위로가 되었을 것입니다. 모든 재산이 날아가고 불타버린 처지에서 다시 재기하는데 종잣돈이 되었을 것입니다. 그 후로 욥이 140년을 더 살면서 전보다도 갑절이나 더 거부가 될 수 있었던 것도 그 종잣돈이 있었기 때문이었을 것입니다. 이것도 욥의 억울함을 풀어 준 것 중의 하나였습니다. 억울함을 풀어 준 것을 넘어 큰 위로가 되었을 것입니다. 하나님은 고난을 겪은 욥을 이렇게 위로하셨습니다. 그렇다면 그 하나님께서 우리도 위로하지 않으실까요? 우리도 축복하지 않으실까요? 그러십니다. 우리도 위로하시고, 축복하십니다. 믿으시기를 바랍니다. 믿고, 고난 중에도 주를 경외하기를 바랍니다.

욥의 자녀들과 노년기

욥이 재앙을 당했을 때 자녀들도 한 날에 다 죽었다고 했습니다. 그것은 또 다른 차원의 아픔입니다. 어른들 말씀에 자식이 죽으면 가슴에 묻는다고 했습니다. 그만큼 잊을 수 없는 아픔이라는 뜻입니다. 그 아픔은 어떻게 되었을까요? 42:13에는 "또 아들 일곱과 딸 셋을 낳았다"라고 했습니다. 먼저 죽은 자식들도 열 명이었는데, 새로 낳은 자식도 열 명이었다는 것입니다. 이것은 새로운 기쁨입니다.

물론 죽은 자식을 생각하면 항상 가슴이 아플 것입니다. 그러나 그런 현실을 받아들이는 법도 배워야 합니다. 더욱이 먼저 죽은 자식들은 천국에서 하나님의 위로와 영광을 누리고 있습니다. 이에 위로를 받고 하나님께 맡겨야 합니다. 새로운 자식이 생겼으면 아픔과 슬픔 속에 살 것이 아니라 기쁨과 감사 가운데 살아야 합니다. 그런 점에서 이런 사실도 하나님께서 욥의 억울함을 풀어 주시고, 위로하신 것 가운데 하나로 봐야 합니다.

42:16, 17은 욥의 말년을 이렇게 말씀하고 있습니다.

그 후에 욥이 일백사십 년을 살며 아들과 손자 사대를 보았고
나이 늙고 기한이 차서 죽었더라

욥이 몇 살에 죽었는지는 알 수 없지만, 재앙을 당한 후부터

140년을 더 살았다고 했습니다. 이렇게 말씀한 것은 잘살았다는 것입니까, 못살았다는 것입니까? 잘살았다는 것입니다. 비록 기가 막힌 고난을 겪긴 했지만, 그래도 젊었을 때보다도 노년기가 훨씬 아름다웠다는 뜻입니다. 정말 잘살다가 천국에 갔다는 뜻으로 말씀한 것입니다.

욥을 아브라함과 같은 시대 인물로 보는데, 믿음의 조상인 아브라함은 175세에 죽었습니다. 욥이 자녀들을 다 결혼시킨 후에 재앙을 당한 점을 고려하면 욥은 아브라함보다 더 오래 살았을 것으로 보입니다. '그렇게 오래 사는 것이 무슨 의미가 있을까?'라고 생각하는 분이 계십니까? 무슨 재미로 그렇게 오래 살겠느냐는 분이 계십니까? 돈이 없다든지, 건강하지 못하든지, 자손이 없다면 그 말이 맞을지 모르겠습니다.

저는 아직도 제가 늙었다고 생각하지 않습니다만, 손주가 셋입니다. 손주들 때문에 웃을 일이 얼마나 많은지 모릅니다. 큰 손녀와 같이 살 때 저와 제 아내는 눈 뜨면서부터 웃었습니다. 잠들 때도 웃다가 잠들었습니다. 손녀가 생기기 전과 비교하면 열 배는 더 많이 웃는 것 같습니다. 열 배가 아니라 수십 배 더 웃는 것 같습니다. 늙어도 웃을 일이 많고, 재미있는 일이 많을 수 있습니다. 욥기를 마무리하면서 욥의 말년을 이렇게 기록한 것은 욥의 말년이 행복했다는 뜻입니다. 젊었을 때보다 노년기가 더 아름다웠다는 뜻입니다.

　이런 사실을 보면 하나님이야말로 진정한 위로자이십니다. 마음을 따뜻하게 하시고, 인생을 따뜻하게 하시는 위로자이십니다. 돈보다 더 큰 위로가 되고, 자식보다 더 큰 위로가 되는 분이십니다. 우리 하나님은 진정한 위로자, 영원한 위로자이십니다. 그러므로 사는 것이 힘들고 영혼이 지칠 때가 있지만, 하나님을 경외하는 믿음으로 사시기를 바랍니다. 그 하나님께서 아프고 슬픈 날에 진정한 위로자, 사랑의 위로자가 되시는 것을 믿고 사시기를 바랍니다. 도무지 이해가 안 되는 일을 당하고 하나님이 안 계신 것만 같을 때가 있지만, 그런 날에도 나와 함께 하시고 나를 지키시고 위로하신다는 것을 믿고 사시기를 바랍니다.

저자 임형택 목사

저자는 안양대학교 신학과와 합동신학대학원대학교를 졸업했고, 2002년부터 현재까지 대한예수교장로회(합신) 숭신교회(서울 서초구 반포동 소재) 담임목사로 사역하고 있다.

저자는 합동신학대학원대학교 설립 이념처럼 바른 신학을 따라 바른 교회를 세우는데 관심이 많다. 목사와 교회의 직분자가 성경의 가르침을 따라 교회를 섬기고, 운영함으로 교회가 하나님의 나라임을 증거 해야 한다고 생각한다.

그런 교회는 모두가 좋아할 수밖에 없는 교회, 젊은 그리스도인들이 공감할 수 있는 교회, 사랑하여 떠나갈 수 없는 교회이며, 다음 세대 교회의 희망도 거기에 있다고 믿는다.

또 저자는 그리스도인의 삶에도 깊은 관심을 가지고 있다. 특별히 그리스도인으로서 고민하는 삶을 공감하고 그에 대한 대답을 산상보훈과 욥기와 잠언과 전도서에서 찾는다. 『하나님, 저에게 왜 이러십니까? : 우리 시대의 복음, 욥기 설교』를 발간한 것도 그런 취지에서이다.